产教融合背景下高职院校的转型与发展研究

◎陈肇平 著

湘潭大学出版社
XIANGTAN UNIVERSITY PRESS

图书在版编目（CIP）数据

产教融合背景下高职院校的转型与发展研究 / 陈肇平著. -- 湘潭 : 湘潭大学出版社, 2025. 5. -- ISBN 978-7-5687-1767-0

Ⅰ. G718.5

中国国家版本馆 CIP 数据核字第 2025LP5372 号

产教融合背景下高职院校的转型与发展研究

CHAN JIAO RONGHE BEIJING XIA GAOZHI YUANXIAO DE ZHUANXING YU FAZHAN YANJIU

陈肇平 著

策划编辑： 刘文情
责任编辑： 刘文情
封面设计： 张 波
出版发行： 湘潭大学出版社
社　　址： 湖南省湘潭大学工程训练大楼
电　　话： 0731-58298960 0731-58298966（传真）
邮　　编： 411105
网　　址： http://press.xtu.edu.cn/
印　　刷： 长沙创峰印务有限公司
经　　销： 湖南省新华书店
开　　本： 710 mm×1000 mm 1/16
印　　张： 13
字　　数： 210 千字
版　　次： 2025 年 5 月第 1 版
印　　次： 2025 年 5 月第 1 次印刷
书　　号： ISBN 978-7-5687-1767-0
定　　价： 68.00 元

前　言

在新时代经济社会的深刻变革背景下，“产教融合”已成为我国职业教育领域极为重要的战略议题。随着数字化和智能化的浪潮重新塑造产业链，高职院校不仅是技术技能型人才的主要供给地，也是区域创新生态系统的关键组成部分。在产业升级、制度变革与人才需求更新的交汇点上，如何实现办学模式与治理范式的全面重塑，已成为高职院校亟待解决的关键问题。本书从“转型”与“发展”两个维度出发，深入探讨了高职院校在产教融合背景下的制度逻辑、组织机制以及路径创新。

本书从宏观政策发展和微观实践变革两个维度出发，一方面，系统地梳理了国家层面产教融合顶层设计的发展历程，并阐释了产业学院、产教联合体、融合型企业目录等制度工具对高职院校的引导机制；另一方面，通过案例比较、实地访谈和数据监控，揭示了校企共建平台在组织生态重构、资源协同配置和机制智能迭代中的运作逻辑。笔者旨在构建理论阐释与实践经验之间的桥梁，为高职院校提供结构化、可操作、可评估的治理方案。

本书遵循系统性思维范式，基于利益相关者理论、创新系统理论以及社会资本理论，对“政府—行业—企业—院校”构成的多方协同网络进行了重新构建。本书采用了综合性的研究方法，结合问卷调查、定性访谈以及平台数据追踪，旨在通过实证数据支撑理论观点，运用模型阐释现象，并通过路径分析回应研究问题。全书共分为七章，依次深入探讨了理论基础、核心角色、教师体系、制度平台、组织生态、绩效评估以及未来发展趋势。章节内容逻辑严密，逐层深入，不仅揭示了制度形成的内在动因，而且为未来的发展提供了结构性的展望。

相较于同类书，本书特别强调了三个方面的学术贡献。首先，本书专注于高职院校在产业教育融合进程中的角色转变,从传统的教学组织向治理核心的跃迁,并提出了一个包含"平台化治理—机制语言生成—结构闭环进化"三个维度的分析框架。其次,本书整合了教师制度的现代化转型以及数据化治理的新议题,深入探讨了教师治理共同体在融合平台中的制度功能及其在价值分配中的作用。最后,本书以组织生态构型为切入点,构建了一个包含初始模型、动态迭代过程和智能闭环的演化路径模型,旨在为高职院校提升主导权提供一个可供复制的操作性模板。

产教融合的探索进程不断拓展,治理体系的创新变革未有穷期。期望本书能为探索者提供一个具有参考价值的范例,推动高职教育在新一轮产业变革与教育现代化进程中平稳且长远的发展。

目　录

第一章 高职教育产教融合的理论基础与制度生成逻辑

随着我国经济结构的持续转型升级，对高素质技术技能型人才的需求日益增长。职业教育，特别是高职教育，正面临深度改革的关键时期。作为促进教育与产业深度融合的核心战略，产教融合不仅具有明确的实践导向，而且在理论层面也逐渐形成系统化的框架。本书从概念界定入手，系统地梳理了产教融合的理论基础和学术支撑，并回顾了近年来国家及地方层面政策的发展历程，旨在为后续的模式构建提供理论和制度上的支持。

第一节 产教融合的概念溯源与逻辑起点

近年来，产教融合已成为职业教育改革领域频繁提及的核心议题。然而，在众多文件和实际案例中，对于产教融合的定义、范畴以及运作机制的理解存在差异。本书旨在从多种表述中梳理出产教融合的核心概念，并明确其与校企合作等常用术语之间的联系，以便为后续的讨论奠定逻辑上一致的基础。

一、产教融合的基本内涵与核心特征

产教融合指的是产业进步与教育体系在目标对接、内容协同、资源共享以及人才培养等多个维度上所建立的紧密联系。这一概念超越了校企合作的表面实践，实际上涵盖了教育理念的革新、教育机制的重构以及人才成长路径的重新规划，构成了一个全面而深入的系统性进程。

在实际操作层面，产教融合强调教育必须积极适应产业结构的调整和技术革新的实际需求，促使职业教育从传统的封闭式供给模式转变为开放式的协同合作。在此过程中，院校的角色由单一的知识传授者转变为产教融合的积极参与者、组织者和创新者。与此同时，企业也不再仅仅是人才的使用者，而是成为教育过程中的关键力量，与院校共同规划人才发展路径、构建实践平台、制定评价机制，从而实现从单纯接收人才向参与人才培育的转变。

产教融合的本质特征体现在其双向互动与协同共育上。一方面，教育体系需深入洞察产业发展动向，积极优化课程架构、教学方法及实践环节；另一方面，产业界亦应向教育体系开放其资源，全面参与人才培养过程，促进教育质量的持续提升。

二、产教融合与校企合作的区分与联系

在众多政策文件和学术研究中，产教融合与校企合作这两个术语经常被混用，有时甚至被错误地视为相同的概念。实际上，二者之间既存在联系，也具有根本性的差异。

从宏观视角来看，校企合作可视作产教融合的一种具体实践方式，但其本身并不等同于产教融合。校企合作更多地关注组织层面的互动，例如共同建立实习基地、提供实习机会、联合开展教育项目等具体操作。相对而言，产教融合则涉及更为深远的系统性逻辑，包括制度的重塑、机制的共同构建、人才评价模式的协同等，它代表了对教育体系与产业体系之间协同关系的全面规划。

在特定情境下，校企合作可能仅限于短期项目或资源的互换，产教融合则强调制度化、常态化以及深层次的整合。其影响范围不仅限于人才培养，还应扩展至技术创新、平台共建、成果转化等多个层面。

三、融合发展的三重推进逻辑

产教融合并不仅是校企之间的务实合作，更非行政命令下的简单“联名办学”，它是一场触及理念、机制与组织底层逻辑的深层变革。尤其在高职教育体系中，产教融合推进的系统性与复杂性决定了其必须同时在思想认知、制度安排与组织形态三个维度上实现协同演进。这种“理念—机制—组织”的三重结构，构成了当前产教融合转型升级的基本推进逻辑。

（一）理念更新：从“各自为政”走向“共育共赢”

长期以来，我国职业教育与产业体系之间形成了“教育供给端”与“用人需求端”相互割裂的局面。教育体系独立运行，依据教学大纲、课程计划、学科设置进行，企业则主要以“使用者”的角色在学生毕业后介入，缺少对人才成长全过程的参与。高职教育深受此影响，普遍存在着“课程偏理论、岗位不匹配、实训重形式”的结构性问题。

产教融合作为理念重构的先导机制，推动教育系统跳出传统教学本位，从“教会知识”转向“培育能力”，从“传授标准”转向“嵌入场景”，从“独立设计”转向“多方共商”。与此同时，企业也逐步意识到，仅靠毕业后“筛选人才”难以满足复杂工艺、快速迭代的产业需求，必须提前介入课程设置、标准制定、实践平台搭建等环节，将企业知识显性化、标准体系化、能力模块化。理念更新的实质，是从“各自为政”走向“共同构建”，从“人才接收”走向“人才共育”。

（二）机制重构：从“边缘合作”走向“深度参与”

理念的更新确立了目标的方向，制度机制的重构则成为实现路径的关键支撑。在实际操作过程中，众多院校的“融合合作”仍停留在初级阶段，表现为协议合作频繁而实质性的建设较少；资源对接虽多，但机制协同显得薄弱；企业参与的热情不高，教育制度的封闭性较强。这一现象的根源，并非合作意愿的不足，而是制度赋能的不足和机制设计的粗糙。

为了实现高质量的产教融合，必须打破传统的“教师负责教学、企业提供场地”的单边结构，重构一个包含“联合育人、联合治理、联合评价”的多边机制体系。高职院校应在制度层面上设立融合事务平台、产业学院、协同治理机构等平台型组织，并明确企业在教学内容设定、教学过程实施、学生评估反馈中的平等权利。企业则应通过制度化的程序，全面参与“课题立项—任务分工—项目推进—绩效考核”的全过程，成为育人过程的支持者，同时作为制度设计的共同策划者、教学责任的共同承担者、成果评估的共同参与者。

机制的重构还应在教师激励、学生选拔、项目经费、知识产权等细节方面进行制度化嵌入，形成一个稳定运行、有效反馈、持续优化的内循环制度生态。只有通过重塑制度规则，才能将合作机制从“项目推动”转变为“系统运行”，实现企业深度参与、师资双向流动、课程协同共建等真正的融合进化。

（三）组织协同：从“分散执行”走向“系统适配”

若理念与机制的变革未能得到组织形态的配合与适应，其影响将仅限于书面文件层面。产教融合的深入发展，本质上是对组织结构的重新分配、角色界限的重新界定以及运行流程的重新编码。目前，大多数高职院校仍然维持以教务中心为核心、行政科层为主导的管理体制，尽管这种结构具有较强的稳定性，但其灵活性与开放性不足，难以满足任务驱动型、项目主导型的融合需求。

融合发展的要求促使高职院校从传统职能组织向平台化组织转变，实现“专业群”与“产业链”的联动，以及“项目组”与“课程团队”的贯通，从而达到组织结构的扁平化、任务的清单化以及协作的网络化。在此过程中，院校必须承担起“平台构建者”的核心职责，不仅要管理教学资源，还要统筹企业资源、社会资源与政策资源，实现这些资源的有序集成、合理分派与动态匹配，真正成为产教融合的组织枢纽与资源协调器。

同时，企业也应在组织结构中嵌入教育任务单元，例如设立企业导师、项目教官、教育联络人等职位，形成“教—研—用”一体化的职位体系。更为关键的是，地方政府与行业协会也应通过“职教联盟”“产教集团”等模式，构建跨组织的协同平台，实现不同主体间的信息互通、制度共建与成果共享。

最终目标是在多方联动中构建一个由“共识平台—协作机制—共享价值”组成的融合生态系统，实现从“分散执行”向“系统适配”的组织跃迁。

融合发展的三重推进逻辑不仅是内容上的更新，更是结构性的跃迁。理念的更新提供了方向，机制的重构提供了操作性，组织的协同则确保了稳定性和可持续性。对于高职院校而言，正是在这一系列逻辑的共同推进下，才能真正超越“校企合作”的初级阶段，迈向深度融合、共治共享的现代职业教育治理的新格局。

第二节 理论支持体系与融合机制的学理来源

构建科学合理的产教融合机制，必须依赖坚实的理论基础。多种经典理论从各自的维度揭示了产教融合的机制来源及其实现路径。本节将系统性地梳理与产教融合紧密相关的理论，包括人力资本理论、创新系统理论、社会资本理论以及需求导向教育理论，旨在为构建融合模式提供坚实的理论基础。

一、人力资本理论：教育投资的价值转化机制

人力资本理论，由学者西奥多·舒尔茨和加里·贝克尔等人提出，主张教育是对人的能力进行投资的一种形式，其收益体现在个体劳动生产率的提升以及经济发展的质量改善上。在这一理论的框架内，教育被视为与资本、技术等同为关键的经济发展要素，而非仅作为社会服务的一个方面。

将人力资本理论应用于产教融合的实践中，可以提炼出两个主要的启

示:首先,教育体系需主动适应产业界对技能结构变动的需求,以增强人力资本与市场需求的契合度;其次,院校应转型为“能力孵化平台”,通过建立制度化的融合机制,提升教育成果中人才的使用效率。

针对高职教育领域,人力资本理论促使我们重视教育内容与职业岗位需求的匹配程度、技术进步背景下的课程适应性,以及毕业生就业状况与技能回报之间的关联等问题。这些关注点为产教融合模式的优化提供了坚实的理论基础。

二、创新系统理论:多主体协同与知识转化路径

创新系统理论阐述了科技创新并非由单一主体独立完成,而是政府、高职院校和企业三方协同作用下的系统性过程。该理论由学者弗里曼、纳尔逊等人提出,强调创新过程依赖知识流动、制度环境和组织网络的共同作用。产教融合正是这一系统协同机制的典型体现:高职院校负责知识的更新和人才的培养,企业提供技术应用的场景和平台,政府则担当制度设计和协调的角色,为产教融合提供法律和政策支持。在这一机制下,教育不仅是培养人才的系统,更是推动知识转化和技术进步的前沿阵地。

在我国高职教育体系中,通过产教融合加强创新链与人才链的互动,有助于消除“教育—产业—创新”之间的信息障碍,实现从“跟跑”到“并跑”甚至“领跑”的模式跃迁。

三、社会资本理论:协同效率背后的信任网络

社会资本理论指出,个体或组织通过关系网络、共享规范以及信任体系所构建的“无形资产”能够显著提高合作效率。科尔曼和普特南分别从微观和宏观的视角阐述了社会资本对社会组织运作的支撑作用。

在产教融合体系中,院校与企业之间的合作并非仅凭一纸协议即可实现高效运作。其有效运行的真正基础在于双方在长期互动过程中所建立的信

任基础、沟通机制以及共同目标意识。社会资本在此体现为:院校对企业的用人需求和产业发展的节奏有深刻理解;企业对院校的教学质量和学生素质抱有信任;双方在人才培养方案、课程设计以及教学实施方面实现深度互动。

特别是在“双元结构”尚未成熟的现实背景下,制度激励往往不足以促使企业积极参与教育。此时,地方政府、行业协会、高职教育联盟等第三方中介组织的介入,成为社会资本传递与转换的关键。通过建立多边互信平台,可以有效地推动融合机制从制度共识向行为协同转变。

四、需求导向教育理论:动态适配的课程与教学逻辑

与传统的供给导向教育体系相区别,需求导向教育理论主张教育内容与形式应根据社会、经济及产业需求进行动态调整。该理论源于应用型教育体系发展过程中的深思与重构,提倡以岗位需求为出发点进行教育设计。

在高职教育领域,需求导向教育理论推动课程设置与教学流程与企业岗位标准紧密结合。例如,学生所学技能应直接服务于特定工艺流程;项目实训应围绕企业实际任务进行开发;学业评价标准应参照岗位胜任力模型进行设计。

需求导向教育理论为构建融合模式提供了逻辑基础——人才培养方案的制定必须基于产业未来三年的人才技能需求。若教育系统无法迅速适应产业变化,即便存在合作模式,也无法实现实质性的融合效果。

在该理论的指导下,产教融合不应仅被视作政策倡导或组织安排,而应成为职业教育质量提升的“系统入口”,其核心逻辑在于教育系统的动态适应性与产业结构变化之间的双向匹配机制。

五、理论与政策的实践映射

理论与政策为产教融合指明了方向与框架,然而其真正的活力源自制度的实施能力与路径的适应性。无论是人力资本理论所强调的“教育投资

回报机制”，还是创新系统理论所提出的“多主体协同结构”，均需在实践中形成与之相适应的制度设计与组织能力。

在我国高职教育的发展过程中，产教融合实践的丰富性与复杂性，使得理论应用的“精准落点”尤为关键。例如，若仅将社会资本理论理解为“校企间长期合作关系”，则难以解释企业参与度低的困境；若未将需求导向逻辑具体落实到专业课程设置与岗位胜任标准，则人才培养极易偏离市场真实需求。因此，理论的“映射效度”直接决定了融合模式能否有效设计、科学评估与持续改进。

正因如此，将融合模式置于“理论—制度—实践”的三重耦合体系中加以理解，不仅能够增强研究的系统性与解释力，也为后续的路径优化提供了检验标准。模式是否科学，首先要看其能否承接理论逻辑，其次要看其能否呼应政策目标，最终则要看其在实践中是否可复制、可推广、可调整。

以江苏、四川与湖南为例，其产教融合政策在制度供给方向上存在明显差异：江苏注重通过产业学院打造院校与龙头企业的合作样板，强调制度化平台建设；四川依托职业教育集团模式，强化政府主导下的多边协同机制；湖南则更倾向于通过产业园区嵌入式发展，构建“政校企园”四位一体共育机制。这三种路径背后所依据的政策逻辑虽异，但都在试图回答一个核心问题：如何让融合从“合作”走向“协同”？如何让政策从“制度文本”转化为“实践逻辑”？

各地的差异性尝试说明，融合模式的形成并非“一刀切”的技术问题，而是深受地方产业结构、院校资源、企业类型及政府能力等多重因素影响的系统演化过程。理论与政策的应用必须充分考虑地方语境，才能真正构建起具有持续生命力的融合机制。

同时，也必须正视融合模式尚未稳定的现实状况。纵观当前各类融合实践，在目标定位、运行方式、评价方法等方面仍存在显著分歧。例如，部分融合项目更多停留在学生实习安排、共建实训室层面，未能实现课程体系与岗位能力标准的同步对接;部分合作企业以名义参与代替实质投入,导致育人责任模糊、成效无法评价;还有部分院校对产教融合的认识仍停留在政策响应层面,缺乏制度设计能力与内生改革动力。

这些问题的存在,反映出理论转化与政策落地过程中的“阻滞地带”。融合不能只是组织结构上的并联,更应是教育目标、人才评价、能力生成逻辑上的深层统一。因此,理论与政策的现实化,必须落脚于融合模式的精细设计、制度协同与文化认同三个维度。

总体来看,产教融合的路径探索已从“模式多样”走向“路径精深”,从“政策推动”走向“机制内化”。其内涵早已突破共建基地、联合办学这样的表层形式,转向以制度逻辑为牵引、以协同能力为核心的深度融合发展。理论体系的构建为其提供方向,政策体系的搭建为其提供土壤,而实践经验的不断积累,正在为中国高职教育绘制出一条融合式发展的路径。

第三节 产教融合政策演进的结构逻辑与制度工具包

理论逻辑的效力发挥,必须依托于制度体系的支撑。政策作为理念与实践之间沟通的桥梁,决定了融合推进的路径选择与资源结构的配置。本节将从地方层面,对近年来产教融合相关政策的发展历程进行梳理,并对制度执行过程中所遇到的典型问题进行分析。

一、地方政策的差异化路径与模式实验

在国家顶层设计持续优化的背景下,各省份、直辖市及自治区并未采取统一的“一体化复制”推进策略,而是基于本地的产业结构、职业教育资源、企业集聚程度以及政府协调能力等差异化因素,逐步发展出具有各自特色的产教融合路径。这种“因地制宜、差异化发展”的融合治理实践,不仅满足了制度嵌入的适应性需求,也为国家融合政策的深入实施提供了丰富的实

践支撑和机制范例。

(一)江苏：现代产业学院主导的融合平台建设路径

江苏省作为制造业强省，在“十三五”时期就已开启“现代产业学院”建设计划，着力推动以专业群适配产业链、课程体系对应岗位能力、企业导师融入教学全流程为核心的融合平台模式。此模式的显著特点为“教育主导、企业深度参与、地方政府精准扶持”。通过构建产业学院理事会制度，实现院校、企业、行业、政府四方的联合治理，保障平台运行具备制度性、可持续性以及绩效导向性。南京工业职业技术大学、常州工程职业技术学院等率先落地多种类型的产业学院，构建起“产出导向—项目驱动—协同育人”的机制闭环，为融合制度实现本土化提供了江苏样本。

(二)广东：新型学徒制驱动的在岗转训双轨机制

广东省作为我国对外开放型经济的关键省份，其产教融合模式展现了“技能导向与产业转型同步推进”的特征。在国家推行的“企业新型学徒制”政策框架下，广东省依托地方配套政策、财政资金支持以及企业岗位资源的整合，建立了“学徒制+学历提升”并行的运行机制。一方面，企业担负起培养人才的主要责任，促进技术工人在工作的同时进行学习；另一方面，职业院校与企业共同制定培养方案，校企合作设立岗位、选拔教师、评价培训，以提高技能标准与产业需求的契合度。该模式有效地解决了传统“校内培养、毕业后就业”模式中人才培养路径的断裂问题，实现了从“校外输送”到“企业孵化”的人才培养模式的转变。

(三)湖南：“政校企园”四方联动的嵌入式协同路径

湖南省依托园区经济的发展趋势，在中部地区省份中率先尝试了“政校企园”四位一体的融合路径。该模式以产业园区作为空间载体，以高职院校作为人才培养的主体，以行业领军企业作为技术支撑平台，以地方政府作为制度的推动者，共同构建了一个协同治理结构，其中包括共同培养人才、共同建设课程、共同分享资源、共同评估成果。湖南铁道职业技术学院、湖南汽车工程职业学院等,通过将教学模块融入园区的实际项目中,实施了“工学结合、课岗一体”的教育模式,这不仅增强了学生的岗位适应能力,还促进了园区内企业技术的更新换代以及人才的持续更新,形成了教育与产业相互促进、共同发展的有机生态。

(四)四川:职教集团化治理下的行业共治路径

四川省以职业教育集团为引领,推动形成了“高职院校—企业—行业—区域”多方参与的产教融合治理结构。在实际操作中,职业教育集团通过制定规章制度、设立常设秘书处、实行项目化运作机制,构建了一个“入群有门槛、合作有规则、发展有评价”的制度化协作体系。该模式打破了传统校企合作的人力资源限制,实现了行业标准的统一、师资力量的共享、实训设施的互通以及成果的联合评估,有效增强了融合治理的稳定性和影响力。成都航空职业技术学院、绵阳职业技术学院等机构利用集团平台,牵头成立了“装备制造职教联盟”和“区域农业共同体”,实现了资源互补和人才共同培养。

(五)地方融合机制的共性特征与结构创新

“政策—项目—平台”三位一体的制度推进逻辑:地方政府不再仅限于政策号召,而是通过设立财政专项资金、认定示范项目、推动集团化平台建设等手段,构建起从制度激励到资源整合再到组织运行的闭环体系。政策提供方向指引、项目作为实施载体、平台发挥枢纽作用,共同形成治理的合力。

“企业参与意愿与制度激励”的双向促进机制:多数地方政府充分认识到企业端“参与意愿”的现实制约,围绕税收减免、项目优先申报、人才评价积分、职称挂钩奖励等实施制度激励,促使企业从“外部配合者”逐渐转变为“制度嵌入者”和“资源贡献者”,从而增强了合作的可持续性。

（六）地方模式的“原型库”价值与经验外溢机制

地方经验的多样性不仅彰显了制度设计的高度适应性，同时也为国家的融合政策提供了宝贵的“原型库”和可复制的路径。这些制度实验具备“适度规模化—区域组织化—阶段可评估”的基本特征，为其他地区在进行制度转化时提供了明确的逻辑结构和运行模板。同时，这些实践案例也构建了从“地方制度试验”到“全国政策成型”的上行通道。部分融合机制已被纳入国家“产教融合型城市”“现代职业教育试点区”“典型产业学院”等政策评估体系，实现了地方与中央的双向耦合。可以预见，随着地方模式的逐步成熟与传播，不仅将塑造中国职教治理的制度厚度，也将成为“职教中国方案”走向全球的制度表达样本。

三、融合政策中的制度工具包剖析

在国家职业教育治理体系不断完善的过程中，推动产教融合从理念转化为实际行动、从政策倡导转变为常规机制，核心在于制度设计的系统化、工具化与操作化。近年来，中央及各部委持续推出具有“通用性—可复制性—可量化性”特点的制度工具，形成了以“融合型企业目录”“试点城市认定”“平台型办学架构”等为核心的制度工具包，为高职院校开展融合实践提供了政策依据、操作通道与评价框架。这些工具不仅提供了治理手段，更构成了国家战略向区域实践过渡的结构性媒介。

（一）融合型企业目录制度：企业教育功能的制度化“身份认证”

自2017年起，国家发展和改革委员会与教育部等众多部门携手合作，启动了产教融合型企业的建设试点工作，并随后建立了全国统一的融合型企业目录制度。该制度的基本流程为“自愿申报—地方初审—部级认定—年度动态管理”，其目的在于明确企业是否具备“教育参与资质”以及能否享有“政策待遇权利”。

该机制的核心意义：一方面，通过“名录化”来界定企业参与教育的合法边界与责任义务，使融合不再依赖个体意愿或关系网络，而是转化为制度性契约行为；另一方面，企业一旦被纳入目录，即可获得包括税收抵扣、财政补助、土地政策优待等制度激励，从而强化了企业“由外而内”参与教育的制度牵引力。

融合型企业目录制度的建立，使得教育治理从“院校本位”迈向“多元共治”，推动企业从“教育外部变量”转变为“制度内生变量”。

（二）产教融合型城市建设试点：政策集成与要素统筹的制度化集成试验

为达成教育与产业协同发展的最终目标，自2019年起，国家正式开启了“产教融合型城市”建设的试点工作。该试点工作通过整合职业教育政策资源、财政资金支持以及城市治理机制等关键要素，构建了一个以城市为核心的集成推进平台。此机制特别强调地方政府的主导作用，以及教育、人力资源和社会保障、财政、发展和改革等多部门的联合共建，以促进区域内企业、院校、行业组织之间的系统性对接和制度共建。

与过往的单一突破模式迥异，城市试点机制呈现出“项目制度化—制度平台化—平台系统化”的发展轨迹，并已在江苏无锡、山东潍坊、湖南长沙等地构筑了较为稳固的治理模型。

该机制的核心价值体现在，以城市作为基本单元，实现了从“政策落地—资源统筹—平台培育—绩效反馈”的全流程闭环管理，从而提升了融合机制在区域内的统筹能力和整体运行效率。

（三）平台型办学结构：融合治理向组织形态嵌入的制度路径

近年来，产教融合制度的核心运行机制依托于平台型办学结构，其典型形态包括现代产业学院、产教融合发展中心、校企共建实训基地以及企业嵌入式实验室等。这些平台通常由院校与企业共同构建和管理，形成一个集组织实体、制度安排与资源共享于一体的综合治理单位。

以现代产业学院为例，相关政策旨在支持其实现联合招生、联合育人、联合科研以及联合就业等多项功能，其治理结构内嵌理事会制度，理事会成员由院校、企业、行业组织以及政府部门的代表组成，从而实现平台管理的多元化协同。该制度设计突破了传统教学系部的条块分割局限，为融合治理提供了制度化的空间与项目化的操作手段，成为实现“深度合作、共建共育”的关键机制平台。

（四）财政支持与税收激励机制：企业深度参与的利益驱动装置

产教融合的顺利实施，关键在于企业的积极参与。为了提升企业参与制度的预期效益，国家及地方政府制定了一系列涵盖不同层级的财政资助和税收优惠政策。例如，对于企业参与共建课程、建设实训室、指导学生实习等费用，政府将提供一定比例的专项补贴或允许税前扣除；同时，对于被列入产教融合型企业名单的企业，将享有高新技术企业认定的优先权以及在科研项目申报时获得加分等政策优惠。这些制度工具共同构成了“资金支持—项目激励—政策绑定”的正向激励机制，这不仅减少了企业参与教育活动的机会成本，而且有效地确保了产教融合合作的稳定性和制度化的路径依赖。

（五）项目管理与成效评估体系：制度执行的过程控制工具

制度工具的实施依赖可量化的项目管理机制和闭环反馈体系。在国家层面，诸如“双高计划”“职教提质培优”“产教融合建设工程”等重大项目的推进过程中，普遍建立了“过程监控—阶段评估—结果问责”的机制，明确了任务节点、责任清单和考核标准。

在一些地区，例如江苏和山东，正在尝试实施融合绩效积分制度，将课程共建次数、企业导师参与率、学生就业匹配度等数据纳入年度绩效评估体系，这些数据成为后续财政投入、资源分配、评优评先的关键依据。此类制度不仅提高了执行效率，还为融合政策提供了可量化的成果反馈，为制度的进一步优化提供了数据支持。

上述制度工具的构建，标志着产教融合政策从“原则倡导”阶段迈向了“机制精细化”阶段。目录认定、平台治理、项目绩效、财政激励、城市试点等工具，构成了一个全流程闭环体系，涵盖了“身份认证—组织构建—任务驱动—资源配置—系统协同”的各个环节，体现了国家治理体系现代化在职业教育领域的具体实践。

这些制度工具既是政策实施的操作指南，也是融合机制设计的功能模板，为高职院校推进融合政策的落地提供了明确的路径导航和制度支持。

第四节 政策制度的映射效度与治理张力

在产教融合成为国家战略的背景下，顶层制度供给日益丰富，治理工具逐步完善，政策推进路径持续明确。然而，宏观制度的供给并不等同于基层执行的等效响应。实际上，融合政策在下沉过程中遭遇的“反弹阻力”与“结构张力”远比预期更为复杂，其实施效果展现出明显的区域差异与执行裂变。这种“制度意图”与“实践回响”之间的差异，不仅揭示了执行路径上的结构性障碍，也暴露了高职教育体系中长期存在的承接困境与协同能力的不足。

一、理念落差与制度解读能力不足

产教融合作为一种多元共治的教育治理新形态，其政策设计本质上依赖治理理念的更新与角色逻辑的重构。然而，从国家宏观政策的传导至地方执行层级，再到高职院校内部的操作体系，这一以系统观念为基础的理念体系，在实践中常常被误解、简化甚至被忽视。

具体来说，高职院校对融合政策的理解通常存在三种偏差：

(1)形式化理解。一些院校将融合等同于“签订协议”“学生下厂实习”“企业讲座进校园”等传统合作方式，未能深入理解制度深层推动的是组织结构、制度平台与资源治理逻辑的转型。

(2)项目化解读。融合政策往往被理解为“争取项目”“获取拨款”的工具,导致院校内部资源分配过度向项目倾斜,缺乏融合机制的系统设计与持续演化。

(3)单向视角认知。教师和管理者普遍缺乏产业认知基础,往往无法准确把握企业参与教育的核心利益点,进而造成政策对接失焦、制度运行脱节。

这类理念上的差距不仅导致政策执行的表面化,还容易引发制度传导路径上的结构性“扭曲”:政策意图的系统改革,被简化为个别任务的“打卡完成”,治理机制由“共建共享”退化为“上行响应”。

二、制度执行路径的中断与工具适配度偏低

尽管国家已制定并实施了诸如“融合型企业认定制度”“产教融合型城市试点”以及“现代产业学院建设标准”等一系列旨在规范化、技术化、模板化的结构化制度工具,以期降低各地的适配门槛和试点难度,但在实际操作中,制度工具与执行主体之间仍存在明显的接口错位问题,导致制度执行过程中面临“供给充足—吸收受限”的困境。

一方面,众多制度工具的“适配对象”并不明确。例如,现代产业学院建设标准假定院校具备跨部门协调能力、行业连接渠道以及资源整合能力,然而在现实中,多数高职院校缺乏相应的组织接口和人力资源配置,这导致了“政策有模板、院校无结构”的局面。

另一方面,在不同区域和院校应用制度工具的过程中,存在显著的“制度吸收能力差异”。东部地区由于具备较强的政策响应能力和丰富的平台治理经验,能够实现工具包的“解码—再设计—本地化”操作;而中西部地区由于行政资源有限、行业基础薄弱以及政策解读上的偏差,往往无法完成制度的转译和路径创造,只能采取“浅接快退”“拿来即用”的方式,导致“工具停留在纸面,机制形不成闭环”的普遍问题。

更为严重的是,在制度运行的中间层级(如地市级教育局、职教集团、行业协会等),缺乏稳定的中介机构对制度进行“组织化转换”,这使得政策执行失去了承上启下的制度载体,进而导致工具执行路径中断、治理机制碎片化。

三、企业参与动力不足与责任界定模糊

在国家政策强调“校企双主导、共建共育”的背景下,企业作为产教融合的重要治理主体,其参与程度直接关系到融合制度的运行质量与可持续性。然而,众多企业在教育事务的参与上,仍然停留在“被动响应”与“边缘配合”的阶段,缺乏深层次的参与意愿,行为持续性较弱,制度责任界定模糊,这些问题成为融合治理体系中的核心张力之一。

(一)企业参与意愿的弱化机制

企业在市场经济中扮演着重要角色,其参与教育活动时,主要关注的是投资与收益的比例。然而,目前融合制度的经济回报机制尚不健全,企业普遍面临以下三个方面的结构性担忧:首先,资源投入存在较高风险,课程开发、共建场地、人员派遣等均需长期投入资源,但现行的政策激励多为“项目制”或“一次性”,未能提供稳定的投资预期;其次,参与的回报尚不明确,企业在教育领域的投入难以转化为具体的人力资本回报,例如缺乏优先招聘权、技能认证共享、品牌价值提升等激励措施;最后,合作机制缺乏透明度,在合作过程中,院校往往占据主导地位,企业参与程度有限,治理话语权不足,导致企业对合作机制缺乏信任和持续参与的动力。特别是在中小企业中,由于缺少专门负责教育合作的部门,受限于人力资源组织和治理能力,即便有合作意向,也难以融入院校融合制度的运作体系。

(二)企业责任边界的制度模糊

在众多融合制度的文献中,院校的责任界限通常被明确划分,例如课程设置、教学管理、实训实施等方面均有相应的制度框架作为依据。相比之

下，企业在责任界定方面往往表述不够明确，或被概括性地处理，尤其在以下方面表现得尤为明显：课程共建的权责不明确，企业在参与课程设计时，通常缺乏相应的机制来保障其话语权，如课程标准的制定权、教学内容的决定权等，这导致了课程内容的形式化；在实训实践中，风险责任的界限模糊，学生在企业实习期间出现的安全问题和管理问题，院校与企业之间缺乏明确的责任划分协议，这增加了企业参与的顾虑；企业导师制度往往仅流于形式，企业人员虽名义上参与，但缺乏明确的教学职责和评价机制，导致师资协同机制形同虚设。因此，为了构建融合机制中企业的“制度内生地位”，不仅需要提升其参与的积极性，还需要完善责任配置的逻辑，并强化治理结构的平等设计，使企业真正成为“规则共同体”的一员，而不仅是资源的提供者或政策工具的接受者。

四、高职院校制度承接能力不足与治理模式滞后

高职院校作为制度融合的关键力量，其制度承接能力在很大程度上决定了政策从文本向实际行动转化的效率。在理想状态下，院校应主动构建政策接口，并成为治理结构的组织核心；然而，在现实中，许多院校仍然受限于传统的科层制思维，缺乏组织的灵活性、平台意识以及治理的协同能力，难以有效地转化制度资源，导致结构性制度出现“滞后—错配—空转”的困境。

（一）治理结构的科层制惯性难以突破

目前，大多数高职院校仍然采用“行政部门+教研系部”的双重治理结构。在这种模式下，制度的运作依赖垂直的管理方式、任务的分配以及书面文件的回应，这使得其难以满足融合机制中对“项目化运作”“团队式合作”以及“任务清单化”的制度需求。

在部门之间，权责界限并不清晰，例如教务处、校企合作办公室、科研处、就业处等机构之间缺乏有效的协作流程；校级的战略决策难以有效地传

递至基层执行层面，教师和管理者往往以完成任务的心态来对待融合的安排；同时，缺乏专门负责产教融合事务的治理组织和交叉协同平台，导致结构性的问题，如"责任无人负责—任务多头管理"现象尤为明显。

（二）制度转化路径缺失与中层动能不足

政策的制度化不仅取决于院校的决策层面，更依赖中层的制度设计以及基层执行系统的响应能力。然而，院系层面往往缺乏制度创新的意识，常常采取一种消极的响应策略，即"等政策—等通知"；教师群体中，制度激励的导向性不足，他们倾向于将融合任务看作是"增加的负担"，而非"能力的重建"；行政人员对于产业端的理解不够深入，缺乏制度接口的设计能力，因此无法有效地将"企业合作"转变为"制度共建"。

上述现象共同构成了一个"政策设计停留在顶层—制度空转停留在中层—融合疲软显现于基层"的链式制度摩擦结构。

（三）制度执行缺乏质量反馈与持续优化机制

在融合机制的运作过程中，大部分院校存在缺乏制度质量反馈体系和结果导向的优化机制的问题：院校内部缺少融合绩效评价的维度；无法构建起"过程监控—结果评估—机制调整"的制度闭环；政策实施情况通常以"材料齐全、活动开展"作为评估标准，未能形成结构性的判断。这导致制度运行始终处于"上线不落地、试点不拓展、项目不复制"的"闭路循环"之中，治理效果长期滞后于制度设计。

第五节 融合路径演进中的系统化趋势与院校主导逻辑

产教融合逐渐从政策导向的初始阶段过渡到机制驱动的成熟阶段，其发展路径已由试点探索阶段转向体系构建阶段。从概念的形成、理论的沉淀，到政策的推动、制度的落实，融合的进展持续展现出系统化、专业化以及深度化的趋势。

一、融合发展进入系统演化阶段

审视近十年来产教融合的发展轨迹,可以清晰地观察到其发展路径经历了从“外在推动”向“内在生成”的转变。在早期,融合主要依赖政策的引导和行政指令,重点在于“存在与否”;到了中期,融合逐渐依靠项目支持和平台建设,重点转向了“形态”;而现阶段,融合机制已经转变为以制度嵌入为核心的“结构—能力—生态”系统发展,重点在于提升质量和深化内涵。

这一演变趋势揭示了融合已不再是教育系统对产业系统的单向对接,而是演变为一个双向互动的复杂系统协调过程。在此过程中,仅仅依靠合作形式的多样化已不足以支撑融合质量的提升,必须构建一个多主体共治、多机制协同、多层次运行的融合体系,才能实现真正意义上的产教融合。

随着系统化趋势的不断深化,融合的目标不再局限于“是否合作”,而是转向了“如何协同”“能否共育”“是否共赢”的评价标准。这不仅对融合模式的设计提出了更高的要求,也迫使高职院校自身进行深刻的变革。

二、高职院校的治理能力成为融合可持续发展的关键

随着融合进程的深入,三个不可避免的现实问题浮现:谁将引领融合进程?谁将协调各方资源?谁将承担起培养人才成效的主要责任?这三个问题的答案,最终都指向了高职院校。在课程共建、平台构建、人才联合培养,以及制度设计、质量保证、绩效评估等方面,院校处于融合过程的核心地位。尽管企业和政府的角色至关重要,它们更多地扮演着资源提供者和制度引导者的角色,但真正的实施运行、教育改革和质量提升,必须依赖院校自身的组织能力。

目前,一些融合机制运行不畅的根本原因是部分院校对其自身定位认识不清,治理体系尚未从传统的教学管理型组织转变为开放式的协同组织。

院校内部缺乏灵活的组织结构、项目运行机制不完善、教师激励体系与融合任务不相适应,这些因素导致制度与组织协同难以真正得到落实。

这也表明,产教融合的下一阶段核心问题,并非如何推进融合项目,而是如何将融合机制深度嵌入院校系统。院校必须从体制、机制、能力三个维度进行系统性的重塑,才能真正承担起融合进程的主导角色。

三、高职院校重构将成为融合机制优化的突破口

在未来的融合模式设计中,必须实现从"外部推动"向"内部生长"的转变。作为融合系统核心的高职院校,其结构的适应性、人员的执行力以及文化的开放性,已成为决定融合质量的关键因素。

高职院校的重构不仅仅是机构设置的微小调整,而是涉及人才结构、协同机制以及价值理念的全方位更新。从建立专门的产教融合机构,到实施项目化治理体系,从消除专业间的障碍到促进教师的双向流动,高职院校必须在组织层面上实现一次根本性的结构转型。这同样要求院校领导层具备系统性思维和组织变革的能力,能够在融合项目中协调资源、达成共识并推动制度的实施。高职院校不应仅作为融合的"响应者",而应成为融合的"构建者",利用组织能力支撑制度的运行,并以系统思维引导融合的发展。

第二章 高职院校在产教融合中的核心角色

第一节 高职院校产教融合职能结构的界定与转型路径

作为产教融合供给体系的基础支点，高职院校在融合机制构建中处于连接教育与产业、供给与需求、制度与实践之间的核心位置。与传统教学组织不同，当前高职院校必须在多重职能中寻求新的平衡与协同，逐步由“教学实施者”转变为“制度参与者”“资源协调者”“质量保障者”以及“组织治理者”。

一、高职院校在融合系统中的基础地位与多维职能

在产教融合体系持续优化的进程中，高职院校已不再是融合任务的被动接受者，而是作为人才培养的核心基地、机制创新的平台以及产业需求的快速响应中心，发挥着日益重要的结构性作用。从宏观视角审视，其职能主要体现在以下四个层面：

一是作为育人体系的设计者，产教融合的核心目标在于培育适应新时代产业需求的人才，高职院校是人才培养的主要渠道和主要场所。相较于普通本科院校，高职院校在课程设置、实践环节、评价体系等方面展现出更高的灵活性和适应性，能够更迅速地应对产业岗位结构的变动。目前，众多高职院校正通过与企业共同构建专业课程体系、实施学徒制、开展真实项目教学等措施，将育人目标从“教学中心”转变为“能力中心”和“岗位中心”，这标志着高职院校在人才培养逻辑中已从“知识传授者”转变为“能力构建者”。

二是作为资源整合的协调者，高质量的融合离不开要素资源的重新构

建和共享。在传统的教育治理模式下，院校与企业之间的资源往往处于割裂状态，合作关系多依赖行政推动或个别关系维系，缺乏制度化的协同平台。高职院校正是在资源整合的过程中逐步构建起制度协调与平台治理的能力。例如，一些院校通过成立产教融合发展中心、校企合作事务部，设立专门的资源协调岗位、项目管理岗位，有效打通了产业链与课程链、人才链、技术链之间的转换通道，使得教育资源能够精准适配产业需求，实现了从"资源堆积"向"资源调配"的转变。

三是作为融合机制的运行平台，产教融合的有效推进需要一个稳定、规范、可持续的制度平台，高职院校天然具备此类平台型组织的特征。通过项目嵌入、流程共建、成果评价、风险分担等制度安排，院校承担了融合机制的载体与运行枢纽功能。部分省级"双高"计划院校已建立起校企联席会议制度、融合项目审核流程、协同任务工单管理等制度安排，使得产教合作项目不仅有合同、有投入，更有绩效、有追溯，具备系统性与持续性。这些实践证明了院校在融合机制中既是"操作单元"，更是"制度实体"。

四是作为教育质量的评估与控制主体，在融合体系中，质量控制不能完全依赖外部监管或企业反馈，而应由院校内部建立科学、可量化的评价体系。从目前运行良好的融合模式来看，高职院校普遍构建了"学生能力评估—企业导师打分—课程目标达成—就业反馈追踪"四维度评价机制，一些院校还将企业满意度作为课程评估的关键指标。这种内部评价机制的建立，不仅提升了人才培养的精准度，也增强了企业对教育成效的信任度，进而促进了融合模式的良性循环。

二、高职院校职能的结构性转型逻辑

教育职能从传统教学向融合治理的转变，并非自然发生，而是政策引导、产业转型和内部改革三方面力量共同作用下的结构性演变结果。传统高职教育注重课程设置的科学性、教学组织的规范性和学业评价的统一性，而融合发展的要求则促使院校主动适应岗位变化、迅速响应产业需求、协同构建评价体系。这种转变需要院校从根本上重新设定其职能定位。

在政策层面,国家近年来不断强调院校在产教融合中的主导作用,《职业教育法》的修订、《国家职业教育改革实施方案》以及各类专项建设方案均明确提出了“院校主导,企业参与,政府支持”的基本融合结构。在这一结构下,院校必须具备主导治理、组织资源、制定标准和推进评价的综合能力。政策已不再仅是“号召参与”,而是明确院校对合作项目、人才方案、资源平台的制度统筹责任。

在社会层面,随着产业技术的快速变革,企业对技能型人才的需求不仅在数量上有所体现,更在质量和结构的适配性上有所要求。企业普遍期望通过与院校深度合作,将自身的岗位标准、技术要求、产品逻辑融入教学过程中,实现教育与生产全过程的无缝对接。这要求院校在课程组织能力、实训安排能力和教师队伍结构上达到更高标准。只有具备清晰目标识别能力、快速响应机制和流程再设计能力的院校,才能成为真正意义上的“合作中枢”。

在校园治理层面,高职院校正在经历从教务中心型组织向平台治理型组织的转型。传统的部门分割式结构逐渐被项目型团队所取代,许多院校成立了融合协调办公室、设立了产业学院、配置了专职产教事务岗位,并通过横向绩效考核、任务认领制度推动资源下沉与责任前移。这一过程标志着院校内部结构、流程、权责正在围绕融合任务进行系统重构。

三、高职院校核心职能的层级定位与演进趋势

综合前述分析,高职院校在产教融合体系中所扮演的角色既多元又呈现出明显的层次差异与结构发展动向。从实际操作的角度来看,其核心职能可以归纳为“三层嵌套、五大角色”。

底层:作为教学活动的主要责任单位,负责课程的实施与教学实践的组

织，承担着基础教育任务；

中层：作为项目管理的平台，负责协调校企合作项目、推动资源的整合以及合作关系的协调；

顶层：作为制度组织的核心，负责统筹融合机制、构建平台规则，并参与区域人才与产业生态的建设。

基于这三层嵌套结构，可以进一步明确五大角色的定位。

一是人才培养方案的构建者，负责专业结构与岗位需求之间的匹配引导；

二是协同平台的运营者，承担资源集成、流程统筹以及合作组织的实体责任；

三是质量控制与评估者，负责内部教育质量体系的建设以及第三方反馈的融合；

四是政策执行与制度转化者，作为顶层政策意图向校本制度设计转化的关键环节；

五是区域产业服务者，参与区域产业研究、标准共建与技术服务。

这一层级结构表明，高职院校并非单一功能的实体，而是具有多层次嵌合、内外部协同的复合型平台组织。只有通过职能的明确化、结构的扁平化以及流程的标准化，才能真正实现对融合系统的“结构性掌控”。

第二节 高职院校从教学组织向治理枢纽的角色跃迁逻辑

高职院校传统的教学组织模式以职能分工和教学流程管理为重心，在长期稳定的教育体系中表现出一定的有效性。随着产教融合机制的不断深化，院校所面临的合作任务日益复杂化，资源协调日益多样化，原有的组织体系逐渐显现出反应迟缓、结构刚性、协同机制不足等问题。在多主体协同和多项目并行的新环境下，院校组织的功能界限、运作逻辑和治理方式正在经历深刻的变革。这种变革不仅是对传统教学逻辑的调整，更是教育治理结构向平台化、项目化、协同化方向发展的明显标志。

一、传统教学组织结构的局限性与融合适应性冲突

在传统的高职院校管理体系中，组织架构往往呈现出典型的“垂直分工—行政主导”模式，围绕教务、学生事务、科研、人事等职能领域设立部门，职责明确、流程固定。此类体系有助于维护教学秩序和标准化操作，但在推动产教融合方面则显得相对滞后。

融合项目通常具有多维协同、跨界合作、过程动态、目标导向等特点，其推进依赖院校与企业、政府、行业组织之间的横向合作，同时也要求校内不同部门之间能够灵活协作、迅速响应、共同承担任务。然而，由于传统组织结构长期围绕“课程中心”和“事务管理”运作，存在以下固有缺陷：

（1）流程封闭。融合项目涉及课程设计、实践安排、评估反馈、资源分配等多个环节，原有的“线性流程”难以适应任务链路的快速调整。

（2）职责交叉。例如，教师在开发校企合作课程时，需要教务部门审核、实训室安排场地、企业参与设计、教研室备案，导致流程烦琐、效率低下。

（3）组织惯性强。多数部门已形成固定的工作机制和行为模式，对“融合任务”持有临时性或附加性态度，难以实现组织动员。

此外，传统治理模式强调“稳定”和“可控”，而融合任务强调“灵活”和“协商”，在运行逻辑上存在一定的矛盾。许多院校在初期尝试产教融合时，由于缺乏制度化的协调机制，导致项目推进依赖“校领导牵头—教师个人沟通—企业临时支持”的方式，缺乏组织系统的支撑，无法形成标准化、可复制的机制，最终难以实现常态化的运行。

二、组织形态转型：平台化、项目化与协同化趋势

为解决上述结构性问题，近年来，一些高职院校积极推行组织结构的重塑，探索将院校治理体系从传统的“垂直管理型组织”转变为“任务驱动型平

台组织”。这一转型主要在三个层面展开。

首先,组织平台化。诸多在产教融合方面取得显著成效的院校,成立了产教融合事务中心、产业学院、项目治理委员会等机构,负责统一管理与融合相关的各项事务,包括统筹对接企业资源、协调校内各部门、组织项目申报以及监管项目执行进度。此类平台型机构具备资源协调、流程统筹、信息整合等功能,有助于打破原有的行政壁垒,实现组织结构的扁平化和任务的集中化。

其次,任务项目化。融合任务由传统的“日常事务”转变为“融合项目”,促使治理逻辑从“职能分工”转变为“项目主责”。例如,在校企共建产业学院项目中,院校设立了跨部门的项目组,成员包括教务处、招生办、科研部、实训中心等部门的代表,由一位项目负责人牵头协调,企业代表也参与其中,共同推进项目进度和评估质量。每个融合项目都有明确的任务书、时间表和责任链,实现了在项目驱动下的部门间协作。

最后,运行协同化。在治理运行机制方面,院校逐步建立了联席会议制度、工作清单机制、过程节点反馈机制等,促进了校内各层级主体间的信息共享和责任对接。例如,某参与“双高计划”的院校建立了融合周例会机制,项目负责人需每周向校级工作组汇报进展,由分管副校长负责资源调配,确保协同运行的实施。这种运行机制的优化,不仅提高了融合治理的效率,也增强了各类融合任务之间的结构关联性。

此外,院校在教师组织方式上也进行了调整。传统的“教研室—系部”体系正向“专业群—融合团队”转型,部分院校建立了由“企业导师+专业主任+实训管理员”组成的三人联合小组,负责具体课程或项目的组织推进,显著提升了融合教育的实施效果。

三、治理能力转型:从管教学向管合作、管资源、管制度延伸

组织结构的变革,其根本目的是提升院校的融合治理能力。高职院校

的治理职能正在从传统的“管人管课”转向“管制度管平台”，涵盖内容也从“教务安排”扩展到“企业参与机制设计”“融合成果绩效考核”“校企纠纷调解机制”等深层治理领域。

首先，制度构建能力的增强。一批院校开始建立融合相关制度文件体系，如《企业导师管理办法》《融合项目管理细则》《融合成果转化与奖励办法》等，推动融合运行从“经验操作”走向“制度支持”。这些制度覆盖融合全过程，有效提升了操作标准化与风险可控性。

其次，资源统筹能力的提升。融合涉及的资源远超过教学资源本身，还包括实训设备、师资力量、技术成果、校外基地、财政资金等。院校作为中介机构，需通过合理的制度安排与治理机制，对资源进行精准投放与高效分配。例如某院校建立“项目资源池”制度，设立融合专项经费，按融合成效与项目需求动态配置，形成“资源随项目走”的弹性管理机制。

再次，合作关系治理能力的成熟。融合不仅仅是院校与企业的一次合作，更是一种长周期的“伙伴关系”治理。院校需要建立合作协议评估机制、合同履约跟踪机制、企业满意度反馈机制，确保合作项目稳定运行与长期发展。部分院校还探索设立校企联合评估委员会，由第三方参与项目验收与质量评定，实现了治理结构的多元开放化。

最终，治理能力的提升还体现在组织文化的变革上。以服务产业为导向的开放式办学理念，正逐步取代“自循环”的封闭式教育逻辑。教师的融合意识增强、管理者的协同观念强化、组织内部的效率意识提升，构成了高职院校向“融合治理主体”转型的文化基础。

第三节 高职院校组织结构的重构机制与治理逻辑转型

随着产教融合项目的规模扩大和内容深化，高职院校原有以职能科室为主导的管理结构难以满足融合任务的组织需求。多元合作、跨界协同与资源共享已成为高职院校治理活动的常态,推动院校在组织架构、流程设计与治理逻辑上作出系统性调整。这一结构转型不仅是治理手段的技术升级,更体现出教育系统组织范式的深层变化。

一、从科层体系到平台治理:组织结构的根本性重塑

传统高职院校的组织架构沿袭了“学科—科室”体系,注重教学的稳定性和教学计划的执行力。职能分工明确,部门界限清晰,办学模式以纵向控制和行政审批为主导,强调任务的规范化而非项目驱动。然而,产教融合作为一种多边合作的活动,其本质特征在于其交叉性、多元性和动态性,这要求院校构建一个灵活、高效、协同的运行体系,而这一需求与传统结构之间存在固有的矛盾。

在组织结构改革的实践中,许多探索型院校率先突破了以教学系部为中心的传统结构,转向了“专业群+产业学院+项目中心”的复合治理模式。以某参与“双高计划”的院校为例,围绕智能制造专业群,成立了企业联络办公室、融合项目推进办公室、课程与岗位对接小组等专门的治理单元。这些单元以“融合任务”为核心,形成了协作网络,实现了“以项目推动结构,以任务组建团队”的运作模式,有效取代了以往由院系分割主导的纵向管理方式。

此类转型具有几个显著特点:

(1)组织层级的简化。减少了行政管理的层级,缩短了资源流转的路径。

(2)组织结构的矩阵化。打破了组织的界限,根据项目需求灵活调配人员、任务和资源。

(3)任务导向的强化。不再以“科室责任”为中心,而是以“项目目标”为导向,实现资源的重新配置和权责的对等。

这种深层次的组织结构重组,赋予了院校承载大型融合项目、统筹多方面资源的组织能力,并为制度治理提供了更为实际的结构支持。

二、流程再造与治理权责的动态化配置

在进行结构调整之后,校内流程的深度再造成为必然。融合项目的整个过程通常涉及多个业务环节,包括企业岗位调研、课程共建、师资统筹、实践实施以及成果评估与资源结算。这些流程环节错综复杂,任务分布广泛,传统的“单线流程”已无法适应这种复杂的运行逻辑。

为了解决流程滞后和职责不明确的问题,高职院校普遍采纳了任务流程节点制和责任清单制。一所位于中西部的高职院校将融合项目细分为六大流程节点:前期洽谈、方案设计、责任对接、资源匹配、教学执行和项目评估。每个节点都明确了牵头部门和协作单位,并为每一位参与的教师和企业代表设定了“角色清单”。这种方法既打破了职能壁垒,又加强了项目责任,有效地缓解了项目归属不明确和责任分散的问题。

治理权责的配置也展现出更强的动态性。由于融合任务的周期、强度和内容具有较高的波动性,治理机制也趋向于采用“轻结构、重机制”的设计理念。例如,在某产教合作的重点项目中,院校采用了“融合工作小组＋流动专家组＋企业项目负责人”的混合组织方式,根据任务阶段灵活组建跨部门推进组,由分管校领导担任组长,并赋予其资源调度和评价权,实现了治理权力的适度下放和动态赋能。

此外,为了确保流程运转和治理执行的刚性,许多院校还引入了流程倒查机制和失职责任问责制,推动治理从事后协调转向事前统筹和事中监控,形成了以流程为纲、机制为骨的融合治理系统。

三、数字化技术赋能组织结构与治理逻辑升级

在组织架构与流程机制的基础上,一些高职院校开始尝试运用数字化技术工具,以促进融合治理模式的转型与升级。通过平台系统的部署和数据机制的重构,院校逐步将治理的权责从“行政指令”转变为“数据驱动”。

一种典型的方式是建立“融合任务数字化管理平台”,将校企合作流程标

准化并进行数字建模，实现任务分发、流程跟踪、进度反馈、成果归档的一体化操作。例如，山东某高职院校开发了“产教融合协同管理平台”，在融合项目启动后自动生成“任务路径图”，每个流程节点都需要在系统中完成确认、资料上传与责任签署，系统自动记录整个过程，供校企双方实时查看并接受审计。这不仅显著提升了治理效率，也增强了过程的可控性和项目的规范性。

另一种方式是利用数据治理来支撑项目绩效评估。一些院校通过整合学生实习反馈、企业课程满意度、就业去向匹配率等多维数据，形成“融合项目成效分析图谱”，用于评估项目实施效果、合作质量，并优化未来流程。数据成为校内绩效激励、校外成果宣传的重要依据，实现了“以数治融合”的治理逻辑转型。

数字化技术的引入，使得高职院校的组织治理从“人工协调”转向“系统牵引”，从“经验判断”转向“数据赋能”。这种以平台为依托、以任务为主线、以数据为基础的新型组织治理逻辑，正逐渐成为融合高质量发展的核心支撑力量。

第四节 高职院校融合治理的组织文化重构机制

在产教融合的背景下，高职院校的转型与发展不仅仅是组织架构的调整和治理流程的重塑，更是一次触及组织灵魂深处的文化变革。根据组织理论的阐释，深层结构的变革通常源自表层结构的变动。文化，作为组织成员共同的价值观、信念和规范，对于实现战略目标的执行和运行机制具有至关重要的作用。产教融合所倡导的开放性、和谐性以及对产业需求的快速响应，与高职院校可能存在的封闭性、部门间的隔阂以及以教学为中心的文化传统之间，形成了明显的张力。若缺乏系统性的文化自觉，即便构建了严密的治理结构和制度安排，转型也可能仅停留在表面，无法触及实质，难以达成真正的内涵式发展。因此，培养与产教融合新范式相契合的组织文化，构建校企等多方主体之间的价值认同，是高职院校实现转型和可持续发展的核心所在。

一、产教融合对传统高职院校组织文化的挑战

在长期的发展过程中,传统高职院校所形成的组织文化具有历史的合理性。然而,随着产教融合的深入发展,这种文化逐渐暴露出与之不相适应的问题,成为转型发展的主要障碍。

第一,封闭性与内向性。传统院校文化往往导致院校过分关注内部教学事务,对于产业界的动态变化、技术需求以及用人标准缺乏足够的敏感性和主动对接的意愿。校企合作常被视为“额外负担”,而非“内生需求”。

第二,部门主义与协同壁垒。严格的科层结构和部门分工导致跨部门协作困难重重。产教融合项目通常涉及教务、实训、科研、招生就业等多个部门,文化上的本位主义和沟通壁垒极大地增加了协同成本,降低了运行效率。

第三,风险规避与保守倾向。强调稳定和规范的文化,使得院校在面对与企业共建专业、共担风险、共享成果等新型合作模式时,往往顾虑重重,缺乏改革的魄力和创新的精神。对失败的容忍度低,抑制了教师和管理人员参与融合实践的积极性。

第四,评价体系的单一导向。重论文、重课题、重教学时数的传统评价文化,使得教师参与企业实践、课程开发、技术服务等融合性工作的价值难以被充分认可,导致“融合贡献”与“个体发展”之间出现价值脱节。

二、面向产教融合的组织文化培育路径

(一)发挥战略引领作用,激发集体智慧

院校管理层需坚定执行改革意志,明确转型目标,并将产教融合的核心价值、战略意义及发展目标深入地传达至全体教职员工。通过战略讨论、全面培训、先进理念宣传等手段,消除思想障碍,摆脱路径依赖,逐步在校内构建起“融合即平等、和谐即自觉、服务即责任、创新即追求”的文化意识形态。

必须对内部管理制度进行修订和完善，尤其是绩效考核、职称评定、优秀评选等关键制度，摒弃“五唯”倾向，建立能够全面反映产教融合贡献的多元化激励评价标准和激励机制，确保积极参与实践的教师和管理者能够获得相应的名誉和利益，使制度成为引领文化方向的“指挥棒”。

通过成立跨部门项目团队、建立常态化的校企交流机制、组织融合主题的教研活动、实施教师企业实践“轮训”等具体措施，创造更多跨界交流的机会，鼓励信息共享、知识交流和经验互鉴，营造开放互鉴的合作氛围。

例如，建设开放共享的产教融合实训中心、校企共建实验室，打造校园内的产业要素景观；开展“企业文化进校园”“工匠精神大讲堂”等活动，邀请企业专家、大师参与产业文化活动；通过技能宣传报道产教融合的成功案例和先进风采，营造崇尚实践、敬重技能、鼓励创新的校园文化。

（二）开放办学，引入外部活力

拆除“壁垒”，积极邀请行业企业深度介入院校管理、专业构建、人才培养及文化塑造。企业代表的参与不仅能够引入资源与技术，更能引入多元的思维模式、工作节奏和价值理念，与校园文化产生交锋、交流与融合，有助于激发组织内部的活力。

综上所述，组织文化是高职院校转型发展的“柔性动力”和“内在动力”。只有当开放与和谐、务实与创新、追求卓越的文化基因融入并贯穿于组织的血脉、教育与产业的各项制度安排及创新机制之中，才能确保其真正扎根、开花结果，从而确保高职院校转型发展的道路稳健而长远。

第五节 高职院校融合制度的承接能力与资源协同机制分析

高职院校在产教融合的实践中，不仅扮演着教学任务执行者的角色，更是制度变革和资源整合的核心主体。无论是国家政策的实施，还是校企合作机制的持续运作，最终都必须通过院校的治理结构实现制度化的承接和资源的配置。制度是否能形成闭环,资源是否能合理配置,将直接影响融合任务的效能和可持续发展的能力。

一、制度承接:国家政策与校本机制之间的转换逻辑

国家对产教融合的支持政策已从顶层设计阶段步入常规供给阶段,涵盖了法规建设、财政支持、标准制定、绩效评估等多个领域。然而,政策的颁布并不等同于其在实践中的有效实施,其能否在院校层面得到切实执行,关键在于制度的承接能力。高职院校在这一过程中扮演着"政策落点""机制重构"和"效果反馈"的多重角色,成为国家宏观政策体系与微观融合机制之间的桥梁。

在政策落点方面,众多融合项目要求院校制定实施方案、组建专业团队、规划建设路径。这些制度任务需要院校党委会、校长办公会、教务处、人事处等多个部门的协同合作,而非仅由单一部门负责。例如,在"双高计划"的申报与执行过程中,院校需将"产教融合贡献度"纳入办学绩效体系,制定产业对接任务书,确保专任教师在企业服务的时长,并建立企业参与专业建设的议事机制。这些制度不仅承载了国家的目标,还要求院校重新配置组织逻辑、制度架构和考核方式。

在机制重构方面,制度的承接不应仅限于"表格填写"和"材料上报",而应成为推动融合任务运行的内部制度支撑。例如,某省属高职院校根据国家产业学院建设政策,制定了《产业学院组建与运行管理办法》,明确产业学院可实行相对独立的课程建设、人事选聘与预算使用权,企业可参与运营管理,学院院长可由企业专家与高职院校教授联合担任。这类校本制度在实践中打破了传统管理的界限,使政策意图能够转化为院校治理行为的日常惯例。

在效果反馈方面,高职院校还需建立制度执行追踪机制,确保制度不仅仅停留在纸面上,更应真正融入运行过程。一些在融合工作方面成效显著的院校建立了"制度审议+执行公示+效果评估"的三位一体制度运行监督

机制，按年度对各类校企合作制度进行复盘与调整，逐步形成“问题—改进—固化”的制度螺旋演化机制。制度在不断的修正中内化为组织惯性，最终成为院校融合治理能力的重要组成部分。

二、资源统筹：任务驱动下的资源重构与协同机制

制度的承接能力是决定融合机制能否顺利运作的关键因素，而资源的统筹能力关乎其运作的流畅性及成效的持续性。产教融合涉及的资源广泛、结构错综复杂、配置具有高度的弹性，这为高职院校的资源统筹能力带来了前所未有的考验。以往，院校在资源配置上主要依赖“学期制计划”和“部门分块”的模式，强调资源使用的年度稳定性与流程的规范性。然而，随着融合任务的提出，资源的配置需要根据项目需求进行调整，依据任务进行分配，并以绩效为导向进行优化。

（一）教育资源结构的重组与动态管理

传统的教育资源涵盖了教师队伍、教学场所、设施设备、课程体系以及时间规划等多个方面。在教育融合的进程中，这些资源的运用方式及其内在逻辑正经历着本质上的转变。首先，课程资源的共同建设与共享机制持续得到加强。众多高职院校与企业携手，共同开发教学模块、学习任务包以及岗位模拟平台，将课程内容细化为碎片化、任务化、项目化的形式，并依据实际岗位需求对模块进行重构。例如，某高职院校针对机械类专业，将机电控制课程重构为“企业生产系统分析＋典型任务解析＋岗位能力清单”的三段式结构，从而实现了课程内容与工作环境的精确对接。其次，教师资源的灵活运用已成为资源统筹的关键标志。部分院校建立了教师教学时间分配机制，规定校内教师必须按一定比例参与企业课程的开发或现场教学任务。教师参与课题制项目、企业挂职、担任企业导师等任务，其工作量将被计入教学活动，并纳入职称评审与绩效分配体系。这种制度化的安排突破了传

统的“课表—教案—课堂”教学组织模式，实现了教师资源根据项目任务的动态分配。

（二）校内外实训资源的统筹共建

产教融合对实践教学的条件提出了更为严格的要求，诸多融合任务需要涉及真实的产品工艺、行业设备平台以及企业案例系统等实践资源。在资金紧张、校内空间有限的背景下，资源统筹的关键在于校内资源的精细调度与校外资源合作共建的有效对接。

一些在融合方面取得显著成效的院校，已经建立了“实训资源共建联盟”，与企业共同投资建设“校中厂”或“厂中校”，资源产权联合登记，运营机制共同设计，收益分配依据使用绩效设定。以某服装类高职院校为例，其与品牌企业联合建设了“联合样衣中心”，企业提供生产订单，院校负责组织学生参与生产实训，每完成一定数量的生产任务，企业支付相应的实践费用，并对实训成效进行评估反馈，实现了“实践任务—教育过程—企业需求”三方的匹配。

同时，校内也需要提升实训资源的调度能力。部分院校推行了实训预约调度平台，由专业负责人在系统中预约时间、资源和支持人员，避免资源冲突与闲置，提高资源利用率。一些院校还引入了虚拟仿真实训系统来补充物理空间，尤其在医护、建筑、电气类专业中，虚拟平台已经成为校内实践体系的重要组成部分，缓解了设备不足与岗位排队的问题。

（三）财政与资金统筹机制的制度创新

资金的融合任务对资金配置结构提出了新的挑战。项目型资源的配置、跨单位的协同机制以及多源资金的融合使用已成为普遍需求。一些院校建立了“融合专项资金池”，将企业合作资金、地方配套资金以及项目申报资金集中到一个统一的账户中，并依据“项目+绩效”的模式进行资金使用的审批。

在内部资金运用的制度建设方面，一些院校已经制定了产教融合项目经费管理细则，明确指出教师在参与融合项目的过程中，能够依据课时费、顾问费、绩效奖励等不同阶段获得相应的薪酬。与此同时，企业方面的参与人员亦可获得课程顾问津贴、产业学院授课补贴等，以此激发校企双方在融合过程中的深度参与。此外，资金的运用已被纳入预算绩效管理体系，年终根据实际成果来调整拨款额度，从而有效提高了资金运用的效率和任务产出的比例。

三、多主体资源统合机制与平台化运行路径

随着产教融合的深入发展，院校不仅需要在内部资源系统中实现协同调配，还必须在制度上满足“跨主体、多边共享”的更高要求。院校已不再是资源的唯一拥有者，而是成为承载区域教育、产业服务、协同育人等多重任务的平台。这种平台化的运作模式本质上是一种跨边界的治理模式，其核心在于促进资源从“校内集中”向“多方汇聚”、从“单向调拨”向“双向共享”的转变。

（一）多元主体协同参与的资源整合体系

在校企合作模式日益多样化的背景下，院校需协调的合作伙伴不仅限于企业，还包括行业协会、科研机构、社区组织、区域产业园区以及政府相关部门，共同构建一个“教育＋产业＋社会＋政策”相互融合的多边格局。在这一合作模式中，资源的来源不仅限于校内预算或企业的投资，还包括政策支持资金、行业平台的供给、区域人才储备以及成果转化的渠道等。

一些先行地区已经探索出一套多元主体资源整合机制的系统构建方法。例如，某地的职教集团通过整合产业园区的平台企业、行业研究院、龙头企业以及高职院校，共同建设了一个职业教育资源协同云平台。该平台按照专业群归集并共享了设备信息、课程资源、岗位数据、导师专家库等资

源，成员单位可以根据自身项目需求进行动态调用，从而实现了资源从“属地归属”向“任务调用”的转变。

在这一整合过程中，高职院校作为核心节点，扮演了“规则制定者”“接口协调者”和“平台维护者”三重角色。为了实现资源的统一编码、权限分类、接口标准化以及收益结算等功能，院校必须在制度设计层面建立平台治理机制，以确保资源开放的规范性、合法性以及可持续性。

（二）融合任务平台化运行的制度逻辑

“平台化”不仅体现为一种技术形态，更是一种制度运作的模式。平台运作的核心优势在于跨越组织界限，通过既定规则的设定，使得资源配置与任务目标更加灵活。在推进融合机制的过程中，高职院校逐渐将行政单元主导的运作模式，转变为由产教融合平台引导的任务协同体系。例如，某院校建立了融合任务运行平台，校内各部门根据平台发布的项目任务、岗位需求、课程共建信息，提交相应的资源响应方案。平台依据任务权重、人员能力、合作意愿等因素，自动匹配并形成项目执行单元。企业方面通过平台发布实际订单、岗位说明、课程参与意向等信息，平台据此生成项目工单、流程计划和责任清单，并与教师团队及设备资源对接，实现全过程数据闭环和责任可追溯性。

此平台运作机制的关键在于制度支持的预先设定和流程标准的固定化。项目申报标准、企业准入条件、数据安全协议、质量评估流程等，都需以制度形式固化于平台规则之中，确保平台运作不受个体协商和行政干预的影响，从而形成可复制、可移植、可扩展的融合机制。

（三）案例剖析：典型平台型融合机制运行经验

以江苏省某省级产业融合示范院校为例，该校建立了产教融合一体化平台。该平台由院校主导建设，产业集团协助管理，政府提供资金支持，包含“项目申报—资源调度—教学实施—质量评估—成果认定”五大功能板块。在平台内,每个合作项目构成一个融合模块,系统内设有任务进度条、沟通日志、执行证据和绩效评分表。项目完成后,绩效数据将反馈至教师绩效、项目资金和企业满意度数据库,形成闭环运行机制。

该机制之所以成功,关键在于:平台的运营机制虽由院校主导,但数据权限与企业共享;每个流程节点都有明确的制度依据和时间限制,有效避免了非正式的“口头协议”;项目过程对第三方开放,提升了监管的透明度和评估的公信力;企业参与人员可在平台上获取工作记录,这些记录可作为企业内部考评的依据,从而增强了他们的参与积极性。

这一实践证明,平台化的运行模式有助于解决行政流程烦琐、项目权责不明确、资源调度效率低下的问题,是未来融合治理制度发展的重要趋势。

四、典型融合困境中的制度与资源响应路径

产教融合机制在运行中不可避免地会遇到制度盲区、资源错配与协同失灵等结构性难题。面对这些难题,高职院校若缺乏“快速响应、制度补位与资源重构”的能力,融合机制将陷入“启动快—推进慢—终止易”的怪圈。因此,制度与资源的协同响应机制,是评价一所高职院校融合治理成熟度的核心指标之一。

(一)合作推进失衡:资源投入与制度赋权不对等

在教育与产业界的合作中,通常由院校提出合作建议,企业则参与其中。在实践中,往往出现院校热衷而企业参与度较低的现象。分析其原因,主要在于资源投入的责任划分不明确,导致企业在承担较高成本的同时缺乏相应的制度保障;同时,制度上的权力分配不均衡,即便企业参与了课程共建和实践指导,也难以涉足教学评价和成果转化等关键领域。

为解决这一问题,部分院校开始尝试建立合作权责清单制度,旨在合作初期就明确资源投入比例、任务职责分配、成果所有权归属以及纠纷解决机

制，以防止责任不明确导致的合作问题。例如，一所院校在其产业学院合作协议中采用了"三权绑定"机制，将课程开发权、教学使用权和后期修订建议权一并授予企业，但企业必须派遣人员参与至少20个课时的教学工作，才有资格获得课程的主导权。这样的制度既界定了企业参与的权力范围，也提高了企业投入合作的积极性。

（二）资源碎片化：项目间重复建设与低效利用并存

在资金充裕、项目种类繁多的条件下，部分院校在整合过程中出现了资源重复配置、构建相似平台、教师参与分散等问题，造成了表面繁荣而实质上资源分散的局面。例如，一所院校在三年内连续建立了三类实训室，旨在服务三个不同的企业合作项目。但是由于这些实训室的设备参数和软件平台互不兼容，无法实现整合使用，导致资源利用率不足40%。

为解决这一问题，一些院校设立了资源融合审查机制。所有新计划的项目、设备、课程和平台，在建设前都必须经过"资源统合中心"的审核，以判断其是否与现有资源重复，是否具备共享使用的可能性，以及是否符合平台化管理的标准。对于新增资源，要求提供共享接口的设计方案，确保未来能够实现横向兼容和纵向升级。

此外，教师资源的配置也需要进行统筹规划。一些院校构建了融合项目教师能力图谱，详细记录每位教师的企业经验、技术专长和项目经历，并根据项目需求动态组建教学团队，以避免每个项目都依赖固定教师的情况，从而提高融合工作的广度和响应速度。

（三）政策支持不足：外部制度落地机制不完善

尽管高职院校的制度承接能力较强，但其发展仍离不开政策环境的有力支持。部分院校在推进产教融合方面进展缓慢，主要面临地方政策配套不足、财政奖补机制不明确、企业激励措施缺乏等外部挑战，这些问题在非省会城市及中西部地区尤为突出。

为应对上述挑战，部分地区已经开始实施校地共建制度体系的策略。例如，某地教育局与高职院校共同建立产教融合制度创新实验区，政府提供制度授权支持，包括简化采购流程、赋予产业学院财务自主权、设立企业参与融合的奖励机制等；院校则需建立制度执行报告机制、企业满意度评估机制和年度融合任务公开制度，以促进地方政策与院校治理体系的有效对接。

在资源支持方面，亦可探索合作成本核算与积分式补贴机制，即将企业参与融合的实际投入，如人员时间、场地成本、技术支持等，量化为积分，并据此折算补贴金额，由财政或职业教育专项资金按年度进行结算。该机制不仅确保了企业的合理收益，也增强了参与制度的确定性和预期收益感。

产教融合的复杂性不仅体现在合作主体的多样性上，更体现在任务运行对制度与资源的系统性依赖上。高职院校作为融合机制的核心支撑，必须同时扮演“制度设计者”“平台运营者”“资源配置者”“责任主体”等多重角色。这种多维角色要求院校具备将国家政策逻辑转化为校本治理结构的能力，具备跨部门、跨组织整合资源的统筹能力，更须具备应对动态协同、绩效导向、文化差异等挑战的结构适应力。

制度与资源的系统协同是融合机制可持续发展的关键。从传统“条块分割”的行政逻辑，转向“融合协同”的平台逻辑，从“封闭使用”的资源理念，转向“共享重构”的资源治理，高职院校的组织结构、制度文化与管理方式正在经历同步变革。这一过程不仅提升了融合工作的运行效率，也推动了高职教育治理体系的现代化转型。

第六节 高职院校产教融合主导机制的构建路径与制度沉淀

在产教融合的进程中，高职院校的主导地位并非单纯依靠政策授权即可自动确立，而是在制度构建、机制设计、文化重塑以及路径开拓等多方面努力下，逐步形成的治理能力的体现。一些示范性院校已经在实践中发展出一套系统化的主导模式，通过顶层规划、组织保障、合作机制、人才战略以及校企合作等多个层面，构建了可持续发展的主导逻辑。

一、主导权构建的基本逻辑：结构性、制度性与战略性三重支撑

确立主导权并不仅仅涉及院校主动提出合作与推进项目的意愿，更关键的是组织架构是否具备持续管理的能力、制度体系是否能够支撑长期稳定运作，以及办学理念是否清晰地界定了战略核心。唯有当"结构支持—制度稳固—理念贯通"形成一个完整的循环，主导权才能从"形式上的发起"转变为"系统性的掌控"。

（一）结构性主导：组织建制内嵌融合机制

典型院校普遍打破了"处室化"办学格局，设立专门的产教融合治理中心、产业学院管理处或校企协同发展办公室等平台型机构，这些机构具有明确的决策权、调度权与监督权。例如，某省级示范院校将所有校企合作事项归口于融合事务管理委员会，其人员组成横跨教务、人事、科研、实训、财务、招就等多个部门，实行"议事统一、决策集体、执行分层"的运行机制，使融合工作从"点状项目"变为"系统事务"。

（二）制度性主导：规则设定者与流程设计者

主导权的衡量标准并非在于"文件数量"的多寡，而是应聚焦于"制度的稳定性与执行力的深度"。典型院校已经普遍构建了一套完整的制度体系，该体系贯穿了从"合作立项"到"协议签订"，再到"过程跟踪"直至"成果评估"的全过程。例如，某院校制定了《融合项目全过程管理办法》，该办法对项目发起人、资源合作方、企业负责人、成果受益者等各方角色进行了明确界定，并规定了每个阶段的具体任务、评估标准及退出机制，从而有效地实现了"以制度推动协同工作，以规范强化管理效能"。

（三）战略性主导：将融合任务纳入办学核心发展战略

部分院校将“深度融合”确立为院校层面的发展战略，与“双高”“提质培优”任务同步规划、统一评估，构建了以融合成效为核心的评价体系和资源配置机制。例如，一所专注于电子领域的高职院校设立了专门的融合发展指标，将产业贡献、企业满意度、平台运行效率纳入院校发展评估体系，并按年度公布融合治理报告，校长在全校会议上对融合指标的实现情况进行专门汇报。这种战略性的引导显著提升了融合工作的政治重要性、制度影响力及组织推动力。

二、主导路径的典型机制设计：制度、流程与角色的系统协同

在审视多所代表性高职院校的融合建设路径时，可以观察到主导权并非由单一组织机构单独实现，而是依托于一个由“制度流程—角色机制—项目治理”构成的三位一体的系统工程来构建。在这一过程中，主导权的实质体现为“决策权+组织权+分配权”的三权融合能力，这构成了融合治理体系的核心支撑。

（一）制度化嵌入：任务制度与治理规则双轨推进

典型院校普遍构建了一套针对融合任务的治理架构，该架构涵盖制度层面、流程层面以及操作层面。其核心逻辑在于通过制度的制定，明确各类融合项目的发起、审批、执行以及评估机制，从而实现跨部门的协调、资源共享以及流程的可追溯性，形成一个完整的治理闭环。

以湖南省某工科高职院校为例，该校制定了《融合项目全生命周期管理办法》，将所有产教合作项目统一纳入“融合项目池”，并将其细分为课程共建、平台共建、岗位对接、科研协同四大类别。该办法规定，每一类项目都必须由校内主要责任部门负责牵头，企业参与协同，并按照既定节点推进项目，按周期进行考核。同时，该制度明确指出，未纳入“融合项目池”的合作

项目将无法享受财政配套资金、校内资源的优先使用权以及项目考核的加权优势。这种以制度为核心的任务整合机制，有效地增强了院校在融合事务中的核心统筹能力。

在平台治理方面，部分院校还建立了融合议事制度，对合作项目的立项申请、企业选择、资源分配以及教学组织等事宜设立了校企联席会议审议机制。尽管企业可以提出自己的需求和建议，但最终的决策权仍然掌握在校方手中。企业必须遵循制度规定的“准入—协商—执行—反馈—退出”流程，确保了融合事务在程序上的合法性以及制度上的优势地位。

（二）流程驱动：项目路径中的主控机制与关键节点设计

制度为融合任务提供框架，而实际的主导权则需在项目流程中得到体现。典型院校通过细化流程、明确关键节点以及建立责任链，加强了校方在实际运作中的主导地位。

以某物流类高职院校为例，该校与一家行业龙头企业共同建立了“智慧物流协同平台”，并在操作流程中设计了“融合执行五节点”：①需求共识阶段由院校牵头组织行业研讨；②任务分解阶段由平台管理办公室主导制定合作任务清单；③教学组织阶段由教务处调配师资并组织排课；④过程监管阶段由质量督导办公室设立融合巡课制度；⑤成果评估阶段由校内评估组与企业协作评分，最终纳入院校教学质量评价体系，形成闭环。

通过将企业嵌入“过程”而不赋予其“控制”，院校实现了对流程主线的控制与任务推进权力的集中。此类流程结构的设计，本质上是将治理结构与治理行为进行制度化绑定，实现了“决策权在校—执行权协作—评价权统一”的融合主导机制。

（三）多角色协同：构建校内治理多元网络

融合治理并非某一部门的专属责任，而是一项跨越教务、人事、科研、学生事务、后勤和财务等多个体系的全校性事务。一般而言，具有代表性的院校通常会构建“产教融合协调机构 + 任务责任部门 + 横向协作小组”这样的三层级角色结构，以此实现融合任务组织的网络化以及责任的清单化。

在浙江的某所“双高”院校，院校设立了融合事务中心，该中心下设产业学院建设部、企业合作服务部、教师企业实践管理科、课程资源开发室这四个常设职能组。每个融合任务由对应的任务部门提出申请，中心负责统筹资源配置并对执行情况进行监控，全流程的信息都会进行记录留存。各职能组之间构建了融合项目共享协作机制，统一工作的时间安排、共享任务相关数据、联动落实责任，从而避免出现“各自为政”“多头推进”这类弊端。

这种治理网络改变了传统校内“事务分工式”的管理格局，形成了以“融合项目为引擎、协作网络为支撑、制度流程为主轴”的横向治理结构，切实增强了院校的系统协同能力与组织整合能力，也为确立主导地位的制度化奠定了结构方面的基础。

三、典型实践比较：主导机制构建的路径异同与制度沉淀

在不同地区和不同类型的高职院校中，尽管其在融合任务中形成的主导机制路径存在差异，但治理目标却高度一致：建立以院校为核心的协作运行体系，确保任务的主导控制、资源的主导分配、责任的主导承担以及质量的主导评估。在这些成功案例的实践中，可以辨识出三种具有典型意义的路径模型，它们分别展现了“平台驱动型”“体系嵌入型”以及“文化统合型”的主导机制构建模式。

（一）平台驱动型路径：以组织平台整合资源与任务流程

在那些拥有较强项目管理能力和行政推动力的高职院校中，通常会发现一种特定的管理路径。其显著特点在于，这些院校依托于特别设立的组织平台，例如融合事务中心或产业学院运行办公室，将所有的产教合作项目集中纳入统一管理。通过实施标准化流程和流程责任制，这些院校能够主

导融合任务的运行。

以四川省某制造类高职院校为例,该校将所有产教合作项目集中归口于产业发展与融合推进中心。该中心不仅负责引进和执行校企合作项目,还对教师考核、课程标准、企业评价、成果转化等环节进行监督,并提供过程监督与数据反馈。该平台设有融合决策例会、季度项目绩效考核、合作企业信用档案等制度模块,实现了融合事务的全流程统筹管理。通过这种机制,尽管在形式上并未排斥企业的参与,但院校实际上保持了对融合任务主线、平台规则以及结果评判的主导控制权。

(二)体系嵌入型路径:将融合机制纳入院校主运行体系

此类路径着重突出制度的"全面嵌入性"以及治理的"结构自洽性",强调要让工作与院校日常管理、专业建设、教学改革、师资发展等主体运行体系实现深度融合,防止把产教合作当作"附属工程"或者"项目任务"来看待。主导权的构建依据并非项目数量或者制度文本,而是制度体系的一体化构建能力。

江苏省一所入选"双高计划"的院校,把融合机制设置为与教务机制、科研机制、人事机制并列的治理单元,专门设立融合治理子系统。在绩效考核体系里,增设融合指标的权重;在教师发展评价中,引入企业实践与合作质量等量化指标。甚至在院校章程和发展规划中,明确表述"融合治理是院校实现高质量发展的基础能力"。这种制度性整合路径,将融合任务深度融入办学目标和制度运行链条之中,达成了主导性权力的自然生成和长期维持。

(三)文化融合型路径:以理念更新推动融合机制内生

主导权的构建不完全取决于结构和制度,更关键的是办学理念与校园文化是否发生了真实转向。部分院校主导机制之所以稳固,并非制度多、流程紧,而是通过观念更新与价值引导,在全校形成了协同育人、合作共建、产教并重的共同认知。

以广东某现代服务类高职院校为例,该校在推动融合治理中,长期坚持“文化先行、制度护航、组织兜底”的路径安排。院校组织开展教师企业月、融合故事分享会、融合价值研讨课等活动,推动教师、管理者、学生对产教融合从任务接受向文化自觉转变。同时,通过融合理念嵌入型课程改革,把“岗位观”“企业视角”融入基础课程与职业素养课程,将融合文化内嵌进教育全过程。这种由文化逻辑驱动的主导权构建方式,使院校在面对项目更迭与制度调整时,始终能够保持稳定的治理定力与制度韧性。

(四)路径异同对比与理论沉淀

三种路径在组织形态、制度强度与运行方式上有所差异,但在主导逻辑上高度一致,均强调:融合机制必须以院校为主心骨,在制度、流程与文化多个层面实现系统赋权与结构嵌入。主导权的实质并非对企业的排斥,而是通过“明确边界—形成规则—稳定执行”构建院校对融合机制的持续支配力。

从治理理论视角观察,融合主导机制的构建过程符合“高职院校制度化”与“组织场域博弈”双重逻辑。一方面,融合机制的构建体现了院校制度系统对外部政策与内部改革的适应性演化能力;另一方面,院校在融合实践中通过不断博弈、制度微调与流程试验,最终实现了组织权力在多方合作中的重新配置与制度合法化。这一过程也反映出,融合主导机制的真正稳固,并不依赖外部强制,而依赖制度体系的可接受性、可操作性与可持续性的三重自洽。

四、融合主导机制的系统经验与可复制路径

在主导权构建的实践中,典型院校积累了众多成熟的策略,其制度设计、组织逻辑以及运作方法为其他院校提供了极具参考价值的操作范例。通过结构化归纳和理论层次的提升,可以总结出五项系统性的经验,这些经验对于高职院校推进融合治理能力的现代化具有明确的指导意义。

（一）以统一入口机制实现融合事务归口管理

构建统一的入口机制，对于实现治理的系统化具有至关重要的作用。将所有与产教融合相关的事务整合至统一的治理平台或管理机构，能够有效解决传统管理中多头领导和职责重叠的问题，从而实现资源、信息、人员及任务的集中管理和高效调配。典型的实施策略包括成立专门的融合事务中心、产业学院管理委员会以及融合治理协调办公室等机构，并通过制定清单明确各自的职责范围，确立“一个平台、一个系统、一套流程”的融合事务运作模式。

（二）以制度闭环机制确保治理任务持续稳定

制度建设不仅要求内容的完整性，更要求结构的闭合性与运作持续性。融合任务的全流程治理需涵盖项目启动、任务推进、过程监管、结果评估与纠纷处理等多个环节，形成一个从“起点—中段—终点”均有制度支撑的治理闭环。一些院校建立了融合项目全生命周期的制度链，将任务责任人、资源调用方式、评价节点与激励机制统一纳入规章系统，实现制度运行与融合项目的动态同步，确保治理任务在组织惯性中自然运行。

（三）以项目协同机制实现多部门协同驱动

融合事务通常涉及教务、科研、人事、实训、财务等多个部门，单凭行政协调难以满足协作强度的需求。构建“项目责任＋平台支撑＋部门协作”的协同机制，将项目作为治理单元，以小团队方式跨部门推进，是解决协作效率瓶颈的有效途径。一些院校实施融合任务项目制，每个项目设立负责人、对接人和执行小组，明确工作目标、任务节点与协作关系，由融合平台统一跟踪、考核与反馈，有效解决部门之间“推诿、重复、失联”的问题。

（四）以数据治理机制提升治理智能化水平

随着治理结构的日益复杂化，传统的纸质档案管理和线下流程已无法满足协同化、绩效化以及可追踪化的需求。构建一个融合数据治理系统，实现各类信息的统一编码、整合、分析和输出，已成为实现治理精细化和智能化的关键途径。典型的实践包括建立融合项目数据平台，实施融合资源的编码管理、记录项目全周期的轨迹，以及对成果进行指标化评估，通过数据驱动确保融合任务的可控性、可调整性以及可审计性。一些院校在此基础上进一步构建了“融合数据驾驶舱”，通过多维度的数据可视化分析，为院校提供决策支持、调度管理和绩效评估的辅助工具。

（五）以文化引导机制强化融合治理内生动力

融合主导机制的稳固性，并非取决于制度条文的复杂性，而是取决于组织文化是否真正吸收了融合理念。在许多融合主导机制成熟的院校中，融合已超越了外在任务的范畴，成为组织文化中的“共识符号”。教师的融合参与、管理者的为企业服务、学生的项目投入，已经成为日常认知和职业自觉。这种文化基础通过制度引导、课程设置、荣誉评价、组织语言等手段长期沉淀，使得融合治理不仅“制度化”而且“文化化”，从而具备了深层的自驱力和适应性。

高职院校是否拥有清晰且可持续的融合主导机制，已成为衡量其办学治理现代化程度的关键指标。融合主导机制的稳固性不仅影响项目运行的质量、人才培养的效率，还关系到院校在区域经济发展、产业技术服务、政策资源争取中的话语权和引领力。拥有主导权的院校能够在融合项目的选取中占据主动，在资源谈判中保持议价能力，在治理改革中掌握节奏，从而在区域职业教育格局中获得战略优势。

展望未来，融合主导机制的发展趋势将向五个方向演进：平台结构将更加扁平化、治理逻辑将更加数据化、制度设计将更加过程化、任务运行将更加柔性化、组织文化将更加协同化。在这一趋势下，高职院校要实现从“主导向主控的升级”，必须在组织形态、制度逻辑、平台运行和文化构建等方面持续投入、系统优化、科学治理。

第三章 教师体系转型与“校企共育”机制优化

教师体系架构及其职能是高职院校产业教育融合治理能力的关键要素。随着产业教育融合深入，教师角色从单纯执行教学任务转变为课程标准制定者、企业实践项目伙伴和平台机制组织者。传统职能结构无法满足当前多边协同、任务导向和岗位对接的教育需求。在此背景下，构建融合导向的教师队伍体系，重塑“双师型”结构、拓展教师参与企业机制、建立多元化评价体系，成为高职教育深化改革的关键措施，这一转型关系人才培养质量，影响院校融合机制可持续发展能力。

第一节 教师在产教融合机制中的复合职能定位

在推进高职院校产教融合的过程中，教师须具备识别多元角色和协同完成任务的能力。在传统的教育体系中，教师的角色通常局限于“教学任务的执行者”，其职责主要集中在课堂管理和课程评估上，而对企业的实际工作逻辑和岗位要求缺乏深入的了解和参与。但在产教融合的机制下，教师转变为连接院校与企业的重要桥梁，在教学方案设计、项目协调、技能传授、资源交流等多个方面承担着综合性的职能。因此，在产教融合的背景下明确教师的职能范围，是高职教育转型发展的基本制度性任务。

一、从教学专责到融合中介：教师角色的结构性扩展

教师职能的变化，并非简单的“教学＋实践”叠加，而是教育治理模式变革下的深层结构转型。教师不再是课程的“传授者”，而是育人机制的“设计

者”与“组织者”,其职能已从单点教学活动延伸至融合系统的多个节点。

(一)教师是课程内容与岗位能力之间的联络者

在岗位标准与课程体系之间建立动态转换机制,构成了融合型课程设计的核心难题。教师必须具备将企业生产任务转化为教学单元、将工作过程拆解为教学模块的能力。以机械制造专业为例,教师不仅需掌握零件加工的知识,还应深入理解企业标准工艺流程,并将其转化为课堂项目,确保教学内容与岗位技能的紧密对应。

(二)教师是校企协同的组织者与沟通者

在整合型任务执行过程中,教师必须频繁地与企业代表就项目内容、实践教学安排以及成果评估等事宜进行沟通,同时需兼顾教育标准与企业需求。此类“中介角色”不仅对教师的沟通与协调技巧提出了挑战,还要求教师具备相应的制度意识和组织管理能力。一些院校建立了校企项目联络员制度,由富有实践经验的教师担任联络员,专门负责推动项目的实施和解决相关问题。

(三)教师是融合机制运行的任务执行者与节点承接者

通常,融合项目采用项目制的推进方式,其中教师扮演着关键的执行者角色。在教学项目、合作课程以及企业实践活动中,教师负责任务的分解、教学资源的整合、过程的监管以及成果的评估等全方位工作。此外,部分教师还需参与课程成果的绩效评估和学生岗位胜任力的企业反馈分析,有时甚至在实践任务中担任项目经理的角色。

(四)教师是高职院校系统中的制度试验者与结构创新者

融合机制的实施不仅改变了教师的工作职责,同时也重塑了教师与院校之间的互动关系。以“项目驱动+协同任务+绩效考核”为核心的新制度体系,促使教师在实践中推动制度的微调,在合作中形成制度的默契,成为融合治理体系的积极参与者和实践者。众多院校通过“项目试点—任务磨合—制度固化”的步骤推进机制的创新,教师在这一过程中扮演了不可或缺的推动角色。

二、职能重构的现实基础与制度适配条件

教师角色的系统性转变并非无端产生,而是组织环境与制度结构变动的必然结果,这一变动源于融合机制的深化。职能重构源于治理逻辑、资源配置、评价机制与角色认知的多重交汇。准确识别这些基础变量,有助于清晰地理解教师职能转变的内在逻辑与现实界限。

(一)治理逻辑变化对教师任务范式的重塑

融合治理模式着重于平台的运作、任务的协作以及项目的引导,不再将“教学周历”作为组织教育活动的核心,而是依据“任务链条”来推进合作流程。这种转变要求教师必须具备流程意识、项目思维以及跨领域协作的能力,以便在教育体系与产业体系之间进行任务的转换和角色的调整。

以“现代学徒制”项目为例,教师需同时参与日常教学、岗位轮换安排、企业导师合作、评估体系构建等多个流程环节。传统的“课表式工作方式”显然已不适应,必须采用更具弹性的任务安排和更复杂的协同机制。在这一过程中,教师既是课程的组织者,也是制度运行的执行者,其任务模式展现出强烈的组织性、高度的流动性与动态适应性。

(二)教师资源配置逻辑的功能性转向

长期以来,教师资源的配置主要依据“课时负担—教学质量—教学成果”这一评价体系,形成了以讲授能力为核心的资源分配逻辑。在融合机制的背景下,教师资源的配置需要根据“任务参与度—企业实践经验—项目执行力”等融合维度进行重新调整。特别是在校企共建课程、企业项目导入教学、工作过程系统化课程改革等领域,传统的教学经验已不足以支撑教师对

岗位任务的结构理解与教学场景的精准构建。

一些典型院校在资源配置上开始重视“任务适配性”与“项目绩效导向”。例如，将“课程教学时长”与“项目服务时长”并行计算；在绩效分配中引入企业满意度、岗位实效性等指标权重；实现教师教学岗与融合岗之间的岗位轮换或双聘双岗。这种资源配置逻辑的转变，导致教师的功能性被重新定位，从“课程适配”走向“产业适配”，从“教学中心”转向“治理协同中心”。

（三）职业评价体系的制度适配滞后

实现职能转型的有效性，必须建立在相应的制度配套基础之上，特别是在评价体系与激励机制方面。然而，目前众多院校尚未完成从“以教学为主导的教师体系”向“以融合驱动为特征的教师体系”的系统性转变，这在教师参与融合活动时，由于缺乏明确的评价标准和量化方法，导致了“参与度越高，奖励反而越少”的制度性错配现象。

一方面，在职称评定、绩效考核和岗位晋升等领域，教师在企业实践、项目参与和课程共建方面的贡献尚未得到清晰的评价和量化，这造成了制度上的不匹配。另一方面，现行制度未能将“融合表现”纳入教师专业发展的路径中，导致教师普遍缺乏长期投入融合工作的成长预期。这种制度上的滞后直接影响了教师参与职能转型的意愿和积极态度。

尽管一些改革步伐较快的院校正在尝试在制度层面将融合贡献纳入教师发展体系的转型，例如建立融合绩效积分制度、融合项目准入资格认证和双导师互认互评机制等，以构建融合参与的制度和价值通道。但总体来看，评价制度的滞后依然是教师职能转型过程中的主要障碍。

三、融合型教师职能的组织实践与制度沉淀路径

教师职能的复合化转型不仅是个体自我调整的行为，更是院校组织结构变革与治理机制重构的集中体现。从典型院校的改革经验来看，融合型

教师职能的建立，依赖结构空间的制度释放、组织角色的逻辑调整与项目机制的系统嵌入。其有效性不取决于个别改革尝试，而是取决于是否形成可复制、可持续、可扩展的制度性安排。

（一）教师组织形态的“去单一化”演进

在传统的教育模式中，教师的组织结构呈现出高度的标准化特征，以“教研室—系部—教学处”作为核心的运作单元。该结构内部任务相对单一，评价机制趋于一致，团队文化较为封闭。这种结构形态难以适应教师参与产业协同、项目推进、岗位嵌入等多样化任务的需求。一些具有代表性的院校开始尝试打破传统，探索教师组织形态的“去单一化”重构路径，构建起“教师—企业—平台”相结合的多维嵌套型组织网络。

以江苏一所“双高”院校为例，该校设立了融合型专业教研团队。该团队由3名至5名专任教师、2名企业导师和1名教学设计人员组成，形成一个常设项目组，全面负责专业群中校企合作项目的策划、执行与评价工作。在这样的团队中，岗位职责不再以“职称—课时”为标准进行分工，而是根据任务结构设立项目经理、技术对接人、教学负责人、资源管理者等角色，以实现团队成员之间的功能互补和组织协同。这种教师组织形态的转变，不仅提高了融合项目的执行效率，也增强了教师在组织结构中的“任务识别感”与“角色存在感”。

（二）教师发展路径的“结构型更新”机制

融合型职能要求教师在能力结构、知识边界、实践经验与协同能力方面进行系统更新，然而这一过程不能仅仅依赖个体的自主调整，必须通过制度化的“发展通道”与“结构支撑”来确保。部分院校积极探索构建融合型教师专业成长路径，将其发展阶段划分为“岗位体验—项目参与—成果孵化—机制主导”四级成长体系，并设立相应的能力评估模型、任务认定标准与发展激励机制。例如，某地级市高职院校推行教师产业实践周期制度，为青年教师设立 3 年周期的“岗位轮转任务包”：第一年入企学习、第二年联合开发课程、第三年带领学生参与企业实际项目，完成周期任务的教师可优先晋升、优先申报教学成果奖，并可获得“校企协同带头人”资质。此外，一些院校构建“融合职能积分制”，将教师参与项目次数、企业反馈评价、协同课程开发质量等指标转化为积分，纳入教师发展档案，作为职称评审、绩效分配、项目遴选等的重要依据，实现“任务沉淀—制度嵌入—发展导向”的三重联动。

（三）教师评价机制的“多源数据”协同构建

若缺乏相应的评价制度，教师职能的转型将面临“行为努力与制度反馈不相匹配”的难题。一些走在改革前沿的院校已经建立了融合导向型的教师评价体系，该体系以项目数据、企业反馈、学生成果和协作贡献等多维度数据为基础，构建了一个“教学—实践—协同—成长”的四维评价矩阵。

以某高职院校为例，该校构建了一个融合项目“数据轨迹记录平台”。每当教师参与企业课程共建、岗位调研、实践指导等环节时，系统会自动记录任务详情、完成情况、合作方的反馈以及学生的满意度等信息，并据此生成评价简报，提交至教师发展办公室。平台的数据能够自动生成年度评价图谱，这些评价不仅作为职称评定和薪酬调整的依据，而且成为教师进行自我成长规划的关键支持。此类机制通过制度与技术的协同作用，将融合任务的“外在负担”转变为“发展资产”，从而激发教师的内在积极性，并推动其角色从“教学执行者”向“融合治理者”转变。

四、教师职能转型的系统价值与结构性再定位

在产教融合机制日益深化的背景下，教师职能的系统性重构已超越了教育环节的局部改革范畴，成为关乎融合机制能否高效运行、任务能否有效落实、模式能否制度化沉淀的战略性工程。职能边界的模糊与拓展，不仅重塑了教师在教育治理体系中的结构定位，也推动了整个高职院校组织逻辑

向“任务协同—角色复合—过程驱动”的方向发展。

从融合治理的视角来看，教师已成为院校对外制度传导与内部机制执行的“双向通道”。在课程开发、资源整合、任务协同、项目推进、成果评价等多个维度，教师不仅是执行者，更是结构构建者与系统协调者。这种角色的拓展，使得教师的参与程度直接影响融合机制的组织韧性、制度弹性与执行强度，成为融合成效能否形成“系统稳定输出”的关键变量。

从教育系统演化的角度观察，教师职能的转型实质上是“组织适配性”的提升过程。面对岗位快速更迭、产业结构重塑与人才标准变化，高职院校必须建立具备跨界理解能力、任务整合能力与项目组织能力的教师群体，以此重构教育系统对外部环境的动态响应能力。融合教师不再仅仅传授知识，更实质上参与知识结构的构建与岗位能力的组织，这种知识治理与职业能力共同体的形成，是新时代高职教育高质量发展的核心基础。

职能重构也推动了高职院校的治理结构从“课程中心—职能科室驱动”模式向“任务中心—协同平台驱动”模式转变。教师职能边界的跨越，带动了岗位编制的柔性化、绩效评价的多元化、制度运行的过程化，使院校组织内部的功能耦合程度大幅提升，为融合治理平台构建了稳定的执行支点。

在未来的融合组织构建中，融合型教师将成为职业教育组织结构优化、项目运行效率提升与融合机制深化的关键“制度节点”。其发展路径不仅关乎个体成长，更直接关系到院校治理现代化水平的提升、育人模式体系化构建的可能性，以及融合模式持续演化的结构基础。教师群体的结构性转型，不是融合机制的附属物，而是融合体系自身构建逻辑中不可或缺的“组织内核”。

第二节 “双师型”教师队伍建设路径与结构优化机制

“双师型”教师队伍构成了职业教育体系中最具代表性的基本单元，同时也是产教融合得以顺利实施和具体落实的核心组织资源。随着融合机制从探索阶段步入结构重塑阶段，先前关于“双师型”队伍的定义、培养、使用与评价方法，已无法满足当前融合任务的复杂性和多维性需求。教师所应具备的“掌握技术”和“擅长教学”的基本标准，正逐步扩展至“具备协同能力”“具备治理能力”和“具备创新能力”，教师队伍的结构亦需从单一技能结构向复合能力模型转变。如何在制度供给、结构分布、路径推进与机制嵌入上重构双师体系，将决定院校是否能够构建起高效的融合平台，实现高质量的育人目标。

一、“双师型”结构的本源逻辑与现实落差

“双师型”理念最初提出时，旨在突破传统教育的“学科本位”局限，促使教师同时具备职业教育所需的岗位实践技能和教学组织能力，即“双重身份”。其核心在于通过这两种能力的结合，促进教育内容与岗位标准的有效对接，从而使得人才培养更加贴合技术应用、职业环境和产业发展的节奏。然而，在长期的制度实践中，“双师型”结构显现出“概念一致性”与“执行分化性”的双重特征：虽然目标明确，但实施路径模糊；理念先进，却难以有效落实。

目前，高职院校在构建“双师型”教师队伍方面普遍遭遇三大挑战：

(1)能力结构不匹配，教师的企业实践经验与岗位标准存在显著脱节。许多专职教师的企业经验仅限于短期培训或名义上的实践，与实际产业岗位的运作逻辑不符，难以有效支撑课程内容的设计、技能标准的评估或岗位场景的构建。尽管一些院校实施了教师入企制度，但由于企业任务的排斥、院校组织的缺失以及挂职成果难以转化为发展资本等问题，导致实践过程趋于形式化、短期化，甚至沦为“教学间隙中的被动安排”。

(2)职称制度不适应，融合能力未能纳入评价体系的核心。现行的教师职称评审体系仍以科研成果、课题主持、论文发表为主要评价指标，而项目组织、岗位能力开发、产业实践设计等典型的融合任务却缺乏相应的制度评

价途径。即便部分教师承担了大量融合项目、企业服务、课程共建等任务，也难以在职称晋升的通道上获得认可，形成了“融合成果在制度上不可见”的系统性障碍。

3.结构分布不均衡，融合型教师主要集中在“少数典型”，难以全面覆盖。在大多数高职院校中，真正具备企业工作经验和教学组织能力的教师比例不足20%，且往往集中在示范性专业、重点项目或特聘岗位上，无法有效辐射至全校的专业群，导致“典型个体推动全局融合”的结构张力明显不足，融合项目的推广易受人员瓶颈的限制，缺乏组织的韧性和人员的冗余度支持。

二、结构优化的制度逻辑与治理支撑机制

“双师型”教师队伍的结构优化并不仅仅是关于数量增长或比例提高的问题，而是一个涉及系统性结构重组的过程。这一过程包括岗位体系的重新编排、能力模型的重构、成长路径的制度化构建以及资源配置方式的动态调整。在实践中，典型院校已经逐步形成了一个三维构建逻辑，即“岗位结构的动态匹配—能力评价的双元导向—制度机制的过程调节”，这为“双师型”教师结构的优化提供了相对稳定的制度框架。

（一）岗位结构的任务适配重构机制

在传统的高职教育教师职位体系中，专业对口性和教学能力是核心评价标准，重视学历背景和授课技能。然而，在融合机制下，教师的职责范围显著扩展，包括课程开发、项目组织、企业联络以及岗位能力分析等多样化任务。典型院校通常以“任务匹配”为原则，对教师职位结构进行优化和重组，形成了一个由“教学岗—融合岗—企业服务岗—流动挂职岗”组成的灵活职位序列。

例如，广东省某高职院校制定了《“双师型”教师岗位结构指导办法》，依据教师近三年的教学课程结构、参与项目的频率、为企业服务的质量以及职

称发展阶段，动态地分配不同的岗位类型，从而构建了一个“可迁移、可兼任、可轮转”的岗位体系。该制度将“岗位职责、任务清单、成果要求”三者结合，确立了岗位目标，确保了各类岗位都有明确的产出任务和发展路径，实现了从“编制逻辑”向“任务逻辑”的转变。

(二)能力标准与评价机制的双元导向改革

能力认定机制对教师队伍结构的建设具有决定性影响。在双师标准的制定上，一些院校已经超越了单纯以企业工作经历作为双师资格的静态认定模式，转而采用“动态能力行为模型”作为指导，将教师在企业项目中的工作表现、岗位适应能力、项目管理效率以及企业反馈的满意度等关键因素，纳入双师资格的评价体系。

以山东省某工程类高职院校为例，该校建立了融合能力等级认证制度，对教师的融合行为进行全方位的积分评估。评估维度涵盖了与企业共同建设课程的时间长度、引入企业资源的力度、承担项目任务的能力以及教学成果与岗位的匹配度等。该校还设定了“融合协同员—岗位设计师—项目主责人”三个层次的发展等级，这些等级结果成为绩效分配、职称申报和团队选拔的关键参考。这种机制实际上将融合任务从单纯的工作内容转变为职业发展的路径，显著提高了教师参与的积极性。

(三)制度过程调节机制的组织支撑与发展激励

教师结构的调整并非一蹴而就，而是一个持续且动态的过程，需要相应的配套机制来提供制度上的调节能力。常见的做法包括建立“融合项目参与记录平台”，该平台负责记录教师参与企业协同、课程共建、岗位轮岗等任务的过程，提供即时反馈和阶段性评估，并将这些与教师的年度工作目标相联系。

一些院校进一步将教师的企业挂职与岗位任务进行双向匹配，采用“融合项目工单制”来组织岗位协同任务。教务部门负责整合教学任务，科研部门负责引入外部合作资源，组织人事部门则负责设定发展激励路径，共同构成一个“三向联动、任务协同、制度推动”的复合机制。例如，某校通过建立“项目—岗位—激励”联通机制，将教师参与的企业实践或项目合作与其个人年度积分、导师带教资格、教学名师评定资格自动关联，从而增强融合任务的制度内化力。

这种制度过程调节机制的核心，在于将教师结构的优化融入高职院校的长期治理体系之中，使得“双师型”队伍不再仅仅是政策上的指标，而是成为院校运行体系内部的一个稳定组成部分。

三、区域实践路径比较与结构优化趋势展望

“双师型”教师结构的优化，作为融合机制系统构建的关键支撑，其推进成果显著地受到区域政策资源、产业结构密度、地方政府的协同能力以及院校制度设计成熟度的深刻影响。不同区域展现出路径的异质性、机制的侧重点以及制度表现的显著差异。典型的实践表明，“双师型”教师结构的优化并非简单复制一套固定的技术路径，而是一种需要在区域教育治理生态中嵌入并协同演化的制度组织工程。

（一）政策牵引主导型路径：以制度强度保障结构重构节奏

在山东、江苏等省份，地方职业教育发展规划明确将“‘双师型’教师队伍素质”作为区域高职院校绩效评估与资源分配的关键标准，并制定了一系列系统性的支持政策，以建立从“教师挂职备案—岗位评价积分—职称晋升导入—企业导师互认”的完整制度链。以山东省为例，其《职业院校教师队伍建设实施方案》提出了“双师能力十级认定体系”，要求各高职院校将“双师能力等级”纳入年度岗位审核与薪酬分配的基本标准，推动教师的融合能力从“行政备案”向“行为量化”转变。

在此基础上，一些省级示范院校建立了“‘双师型’能力数据平台”，实现

了教师融合任务的全周期记录与行为归档，通过数据归集系统展现了教师的企业服务轨迹、项目绩效反馈、课程协同贡献等多维度信息，使得教师结构变动有了明确的制度依据和动态管理能力。此类路径在制度推进的节奏、评价标准的统一性以及跨校数据共享方面具有显著优势，有助于构建区域层级的教师治理平台，实现结构优化的制度化推进。

（二）企业协同嵌入型路径：以岗位需求反向重构教师结构

在广东、浙江等地区，由于产业集群的密集分布、企业类型的多样性以及良好的协同合作基础，一些院校将“双师型”教师队伍的构建与企业的人才需求体系及岗位标准体系紧密结合，致力于探索一种基于“企业驱动—院校响应”的教师结构动态调整机制。例如，广东一所专注于装备制造的高职院校与八家行业内的领军企业共同建立了“岗位实践中心”。企业每年提供一线技术岗位的标准、技能等级说明以及岗位发展趋势，院校则依据这些岗位参数调整教师的企业实践计划和任务分配。

此外，该校还建立了企业导师的反向评价机制，企业代表不仅参与教师课程开发的审核工作，还对教师的教学效果、服务质量以及岗位模拟的准确性进行量化评分。院校将这些评价结果作为教师融合等级评定和岗位续聘的重要依据。此类做法将教师能力的评价与产业标准直接联系起来，强化了以产业标准推动教育结构改革的系统机制，有效提高了教师结构与实际岗位需求的匹配度。

（三）校本治理驱动型路径：以组织变革支撑结构优化内生演进

相较于依赖外部力量推动，一些改革基础扎实的院校更倾向于从内部治理体系出发，促进“双师型”教师队伍的自然发展。通过重塑组织架构、循环再造制度以及内嵌激励机制，这些院校致力于构建一个可持续的“治理生态型”教师体系优化路径。以江苏一所信息类高职院校为例，该院校以产教融合治理中心为核心，重新构建了教师能力数据系统，将教师在融合平台上的任务轨迹、项目成果以及协同反馈的全过程纳入组织绩效考核体系。

该院校还设立了融合型岗位序列改革试点,于组织架构中划分出项目专责岗、教学协同岗、技术顾问岗等横向岗位类别,突破了传统职能部门的限制。同时,引入了岗位轮转机制和交叉评估制度,消除了传统学科界限和岗位壁垒,形成了一个跨组织协同运作的教师结构配置模型。此类发展路径强调组织体系的内在适应性,通过"制度稳定性+组织弹性"的结合,实现了教师结构的可调节性、可演化性以及可持续性。

四、"双师型"教师结构优化的关键支点与战略走向

基于融合机制的运作架构,"双师型"教师队伍的建设已超越了人员配置的范畴,成为教育系统能否实现"任务组织—项目统筹—能力沉淀"闭环治理逻辑的关键支撑点。结构优化不应被视作教师数量的单纯增加,而应被视为教育系统组织进化的战略性路径,纳入院校整体制度改革和组织架构调整的深层次议题。

结构建设的核心不在于身份标签,而在于能力表现;不在于企业经验年限,而在于项目执行能力;不在于行政评定,而在于制度任务表现。从当前的典型实践与制度经验中,至少可以提炼出五项具有稳定性和推广性的结构构建要点:

(1)明确结构构建目标的治理导向。"双师型"结构必须服务于教育治理体系整体升级目标,强调项目组织能力、平台运营参与力与制度认知能力的系统协同。目标定位从"补课式培训"转向"融合治理主力",是教师结构转型的价值前提。

(2)构建制度性任务配置与能力识别机制。制度设计必须实现任务清单、能力模型与岗位目标的动态匹配,推动教师结构由"学历匹配—职称递进"向"项目适配—任务赋能"转型。能力识别必须转向可测、可评、可量化的融合贡献体系。

(3)确立融合路径的组织调整机制。教师结构的演化不是一次性制度重构,而是过程性治理调节。通过制度流程、组织路径与反馈机制构建“任务—能力—结构”三者的治理接口,实现高职院校在动态协同中的结构适配力提升。

(4)推动组织结构与平台功能协同嵌套。在平台化运行趋势下,“双师型”教师不再属于单一部门,而是嵌入多项目、多任务、多主体协同平台中运作。组织结构必须从“岗位归属制”走向“任务协同制”,以柔性配置增强教师组织的响应性与弹性。

(5)引入外部资源共建的协同路径。结构优化不能完全依赖校内机制建设,应引入企业导师、项目技术人员、行业顾问等外部专业资源,通过制度化嵌入方式构建“共建—共育—共享”的复合型教师协同网络。

以上五点构成了教师结构优化的制度基础与组织条件,是高职院校建设任务型、平台型、项目型治理体系的关键支柱。教师结构的重构过程也进一步打开了融合系统内的治理接口,要求将更多来自企业、行业、产业实践前沿的知识与资源纳入高职院校之中。在此背景下,企业导师制度、兼职教师制度等校外师资制度协同机制逐渐成为支撑融合治理体系运行的重要扩展结构,亟须进行制度化界定与系统化安排。

第三节 企业导师、兼职教师的制度角色及协同机制

企业导师与兼职教师制度的实施,对于构建高质量的产教融合机制至关重要,同时也是实现校内教育资源与产业岗位需求深度对接的战略路径。在产教融合体系的运作过程中,传统的单一专任教师体系已无法满足复杂、动态、多边的融合任务需求。因此,引入企业专家、岗位技术骨干、行业导师等校外师资力量,不仅是对教育资源体系的拓展,也是对制度治理结构的协同重构。关键在于如何将企业导师与兼职教师制度融入治理的主流程,构建一个职责明确、机制稳定、协作顺畅的制度嵌入体系,从而提升高职院校

的跨界运作能力与系统的开放性。

一、校外师资引入的制度起点与角色定位演进

审视政策发展的脉络，自《国家职业教育改革实施方案》明确提出了“构建一支结构合理、专兼结合的高素质教师队伍”的目标后，对于企业导师和兼职教师的政策重视已从辅助性补充转变为制度化常态。国务院、教育部以及众多省级地方政府在宏观规划中均明确规定了专职与兼职教师的比例要求以及企业导师制度的建设指标。这一角色定位的演变，反映了职业教育对师资结构认识的深化，已从以院校供给为主导转变为校企共同建设和共同治理的治理理念。

在职业教育发展的早期阶段，企业导师的角色主要是作为实训指导人员，其功能定位主要是短期参与和辅助教学，通常局限于实习阶段、校外实践、专业认知等较低强度的教学环节，其参与度和制度上的重要性相对较低。随着项目制教学、校企联合育人、岗位标准融入课程等教学机制的推进，企业导师逐渐融入人才培养的全过程中，其职能也从单一的实践传授者转变为岗位标准的共同制定者、课程结构的共同建设者以及学生发展的引导者，成为“制度内角色”，而非仅作为教学的外部资源。

同样，兼职教师制度也经历了从师资补充向课程共建、项目协同、评价参与的逐步转变。其参与的时间、任务结构、资源权限等方面均呈现出系统性的提升趋势。在当前的多数融合型项目中，企业兼职教师不仅承担课堂教学任务，还深度参与教学任务书的编制、教学资源工具的推荐、行业案例的提供、项目成效的评价等，其职能边界日益复杂化。

这种角色结构的扩展要求高职院校必须在组织体系中重新定位企业导师与兼职教师的角色。不应仅将他们视为外聘人员，而应作为融合治理体系中的制度节点与协同因素，在课程体系、项目流程、组织架构与评价机制中设立稳定的接口，实现从资源利用到制度共治的角色转变。

二、制度运行机制中的角色配置与任务边界构建

将企业导师与兼职教师制度融入综合治理体系的核心，并非在于增加人员规模，而在于是否实现了制度角色的明确界定、运行规则的程序化制定以及组织逻辑的深入重塑。制度的高效运作，并非依赖单纯引入外部资源，而是需要通过系统性的设计，确保其拥有稳定的角色架构、明确的职责界限以及协调一致的行为接口。

(一)职责清单制：多维任务结构下的权责匹配机制

在众多典型院校的实践中，企业导师及兼职教师的角色已不再局限于单一的教学职责，而是扩展至参与教学方案的规划、职业岗位的分析、课程内容的开发、对学生进行指导以及对教学成果进行评估等全方位的任务。这一变化导致了职责界限的不断拓展和组织协作的复杂性增加。

为了避免出现“功能漂移”或“角色重叠”的问题，一些院校实施了“职责清单制度”，将企业导师和兼职教师的职责细分为五个任务单元：①教学任务模块(涵盖课程讲授、案例分析、现场指导等)；②标准共建模块(参与制定人才培养方案、课程标准、任务书等)；③资源协同模块(提供企业数据、案例、平台、实训任务支持等)；④评价参与模块(进行学生技能评估、岗位胜任力反馈等)；⑤育人协同模块(引导学生发展、诊断岗位适应能力等)。

清单制度的核心在于通过“职责配置表＋执行权限＋成果登记＋过程记录”的方式，将临时性的参与转变为制度化的流程，将个人经验的输入转化为可量化的教学资源贡献，从而实现了校外师资管理的结构稳定性和制度的内化。

(二)协同规则体系：跨组织运行的流程接口机制

在制度层面，企业导师与兼职教师参与常遇两个问题：一是组织流程接口不明确，企业与教学系统缺乏稳定衔接通道；二是职责内容与院校课程组

织脱节,教师任务体系封闭,难以构建校外人员有效参与路径。实践表明,建立协同规则体系是克服组织接口障碍的关键。有效协同规则体系涵盖三个层面:一是流程接入机制,明确校企合作关键点;二是权责协同机制,明确校内外教师职责能否互补、认证与交换;三是信息共享机制,明确校内系统是否开放接口、企业能否查阅教学与学生发展数据。如某地级市高职院校建立融合任务对接平台,设定流程节点责任图谱,将企业导师职责融入教学流程,在课程开发、实施、评价阶段分别设立相关节点,平台自动识别职责边界并分配任务通知,实现校内组织与企业人员无缝流程衔接。

(三)合同制度与激励结构:实现角色稳定性的制度支撑

稳定的制度角色配置需以规范化合同制度和可预期的激励结构为保障。在组织治理中,角色制度合法性与行为持续性相关。部分融合项目中,企业导师与兼职教师介入时间零碎、任务绩效认定模糊、激励方式临时协商,导致人员不稳定、贡献不可见、责任难界定,影响融合治理连续性与成果质量。

为解决此问题,一些院校建立融合外聘师资合同体系,明确任务清单、参与周期、报酬标准、成果权属、风险责任与退出机制,设立期中审核与结果评估反馈机制,由第三方评价团队定期审核参与质量,保障企业导师参与的规范性与可追溯性。

同时,激励机制不再局限于课时报酬或讲课补贴,拓展为综合参与贡献积分体系,涵盖课程设计评分、企业满意度反馈、学生就业匹配率等维度。部分院校还为高贡献度企业导师设立"校企协同顾问"荣誉头衔、优先合作项目权或发展专项资金支持,使其获得稳定制度回报,形成内生动力。

三、混合型教师团队的组织形态与治理机制整合

随着产教融合机制的深入发展,教师队伍的构成已不再局限于以专任教师为主、外聘教师为辅的单一结构,而是逐渐形成了由校内教师、企业导

师、项目型兼职人员以及平台资源人员共同构成的网络化、平台化协同团队。这种组织结构的变革，本质上体现了教育系统组织边界的结构性开放，标志着向跨组织治理逻辑的系统性转变。为了有效整合这些异质性师资资源，必须从组织结构、制度接口以及平台运行三个维度同步推进，构建一个既具有规则约束力又具备操作透明性的协同治理机制。

(一)教师团队结构的"任务嵌套型"重构模式

在典型融合项目运行中，教师团队任务组织方式从"岗位式分工"演进为"任务驱动嵌套"，围绕融合项目构建"任务清单—人员配置—成果目标"的结构性团队模型。企业导师与专任教师围绕共同目标嵌入各环节协同工作。例如，某工业类高职院校围绕岗位能力构建课程设混合型教学团队，校内教师负责教学流程设计与学理框架搭建，企业导师提供岗位任务抽象与项目任务建模，平台兼职教师主导实训过程与成果验证，三类人员围绕教学任务完成工作过程系统化设计。任务拆解清单写入课程大纲，团队角色通过任务分工与成果绑定制度化，实现职责协同与组织联动契合。这一模式用"项目制机制"替代"编制制逻辑"，人员组织从"单位归属"转向"功能协同"，推动教师结构向柔性化、多元化、响应式转变，是应对融合治理复杂、任务动态化的结构基础。

(二)校内外资源共管的职责接口与权限协同机制

混合型师资团队运行中，核心问题是组织接口设计不合理导致职责模糊、任务推诿。多数校内流程按传统部门职能划分，未形成融合项目资源共管机制，企业导师与兼职教师在教学资源调度等方面处于边缘，形成协作障碍。

为打破封闭结构，部分改革先行院校构建教师资源共管平台，确立协同规则。一所应用技术类高职院校将融合项目课程纳入"平台治理"，企业导师与专任教师在平台有对等权限与接口，可协同上传资料、拥有等量课程调度与反馈权。院校以任务流数据为核心，构建流程性共管系统。

这种平台共管机制保障了协同团队制度稳定，实现责任与资源对等分配，是教师团队协作从“组织协商”到“制度治理”的关键跃迁。

(三)组织文化机制的协同认知与制度融合路径

协同治理关键在于团队协作质量，其根源是组织文化兼容性与价值认同内生程度。校内教师遵循教学规范与教育制度，企业导师以岗位效率与实践结果为导向，若无协同认知与制度融合机制，易引发价值冲突、协作疲软和成果质量不稳定。

部分院校设立融合教学共同体机制解决问题，该机制由协作会议、融合共训、组织共识机制构成：定期开会明确目标与标准，开展联合培训提升协同能力，设立文本机制固化团队互动，通过制度互动实现价值认同与文化互融。更进一步是将协同表现纳入项目绩效评价体系，以协作贡献积分和项目贡献度等级量化组织文化并反馈，促进协作文化生成。

组织文化机制让混合型教师团队从临时合作变为长期制度契约，推动团队治理逻辑从工具理性转向制度理性，构建融合教师体系的内生结构动力。

四、校外师资制度的战略支点与治理系统融合逻辑

在现代职业教育组织结构中，企业导师与兼职教师制度不仅是资源使用安排，更是结构性制度安排，体现教育系统向产业系统开放治理边界等深层治理逻辑。二者制度嵌入程度关系融合体系开放性、协同性与可持续性，决定融合任务能否常态化运行。

从治理体系来看，企业导师制度是将部分岗位标准制定权等通过制度机制让企业部分接管，实现教育治理权力结构分担；是基于规则控制的治理合作。企业导师应是融合治理结构中的“职能承接单元”与“制度参与主体”。

兼职教师制度体现教育系统“结构弹性”，通过纳入行业专家等打破封闭人才结构，建立新型教师结构逻辑，核心是构建弹性结构系统。

多方实践表明,这两项制度成效取决于三项制度基础的系统稳定性:角色定义制度明确,避免结构漂移与功能模糊;协同机制流程可操作,实现制度流程对接精准化;激励机制有价值回馈,确保可持续存在。

未来,企业导师与兼职教师制度将嵌入平台型组织等,成为融合机制的“制度常量”,其作用从项目参与者变为治理合作者,从“教学外援”转为“结构内核”。高职院校需重新设计教师系统运行体系,为校外师资提供制度容纳与结构整合接口。

当教师组织和职能配置转变,企业导师与兼职教师制度才能实现结构治理价值,成为高职教育融合机制的制度支点。

第四节 教师评价机制的融合适配与制度再设计

教师评价体系不仅决定了个人职业发展路径和组织激励机制,而且是高职院校能否实现结构转型、机制创新以及融合治理的关键制度。在旧有体制中,教师评价主要以教学工作量、科研成果和学术发表等静态指标为依据,这与融合项目所强调的岗位适应性、企业满意度和任务执行能力等动态绩效指标存在根本性的不协调。这种评价机制的偏差不仅减弱了教师参与融合项目的积极性,还导致了高职院校内部激励与外部合作机制之间的制度性紧张。因此,重构教师评价体系,实现从学术成果导向向融合绩效导向的价值转变,是促进高质量产教融合治理的关键制度支撑。

一、评价制度与融合任务之间的系统性冲突

现行的教师评价体系依旧采用“课程负担+科研成果+组织事务”三个维度的结构,构建了一个以课时计算、论文发表、课题主持为核心的评价循环。该体系建立在教学计划主导、学科建设优先、研究成果量化的逻辑基础之上,展现出极高的稳定性和操作性。然而,在高职院校运行中,融合任务逐

渐成为主要驱动力的背景下，该体系显示出明显的不适应、缺乏延展性和响应迟缓的特征。

（一）价值导向错位，任务性贡献无法计量为组织价值

融合性任务通常呈现出跨学科、跨组织、跨边界的综合性特征。在这些任务中，教师扮演的角色包括协同合作、资源整合以及推动机制创新等，这些角色往往涉及非标准化的工作，其成果通常体现为过程治理的绩效，例如企业反馈、课程适应性评估以及平台贡献度等，这些成果往往难以纳入传统的科研成果或教学课时的统计框架内。由于缺乏对这些价值的识别，融合性任务往往被系统性地忽视，参与者的努力难以得到组织层面的反馈，这进一步削弱了教师参与的积极性和行动的驱动力。

（二）能力结构评判偏差，融合能力缺席于主评价结构

教师在执行融合任务时所展现的岗位理解、流程组织、项目统筹以及与企业的沟通能力，均体现了典型的组织协作与制度执行能力。然而，现行的教师评价及职称晋升指标体系中，几乎未设置与这些能力相对应的评价模块，仍旧以课题等级、论文发表、教学竞赛等为主要评价标准。这种评价框架的落后，导致教师在进行融合任务时面临高投入与低回报的制度风险，进而影响了融合任务的组织承载能力。

（三）组织反馈机制滞后，融合成果难以形成制度沉淀

即便个别院校对教师融合项目表现有案例呈现、口头激励或临时加分，也难转化为常态化、结构性、强力度的制度支持机制。多数教师完成融合项目后缺乏数据记录、结果归档与成果识别途径，贡献无法沉淀到组织绩效结构，致使组织难以长期识别和优化调度融合任务绩效。这些冲突表明，传统评价制度在面对组织任务结构转型与平台治理逻辑时，缺乏动态适配与机制演进能力，成为制约教师深度融合的制度瓶颈。结构改革需先系统性更

新评价机制。

二、教师评价制度重构的组织逻辑与路径实践

在众多治理实践中，一些走在改革前沿的高职院校已经深刻认识到，产教融合的实现不仅需要项目机制和课程制度的支撑，更迫切地需要教师绩效评价制度的深层次变革。制度重构的核心，并非在于设立新的评分项目，而是在于实现评价维度从“行为统计”向“组织绩效逻辑”的全面转变。典型的实践案例表明，评价机制的结构性更新，至少需要完成三项关键性的制度转变：价值认知的重新设定、指标结构的重新编制以及数据系统的重建。

（一）评价价值基础的系统性重置，从“教学中心”转向“任务中心”

传统教学评价制度逻辑起点是“教学秩序维稳”，目标是确保课程完整、教学合规、成绩分布合理，具有高度程序性与规范性。融合体系中，教育任务出发点是岗位对接与任务达成，其成效需引入组织任务贡献、岗位标准匹配、项目结果反馈等多重结构变量。部分院校已完成价值导向转换。如某“双高计划”重点建设院校在《融合任务型绩效考评办法》中，将岗位适应度、企业满意率、任务链协同度设为教师综合评价基础维度，构建组织协同、项目任务、课程匹配、岗位导向四项一级指标，并与绩效奖金、岗位竞聘、荣誉评审挂钩。这一机制并非打破原有评价体系，而是建立以任务为中心的“价值计算模型”，实现教学、项目与协同任务在同一绩效框架中的制度整合。

（二）指标结构重编，融合任务绩效的“多元值化机制”

评价核心不仅是“是否评”，更在于“如何计”。融合项目任务异质、周期非线性、成果多元，单一课时计量或课题等级评估不适用。有效的评价体系需构建“值化机制”，将非标准成果赋予绩效价值，纳入统一评价平台。某工程类高职院校构建融合绩效值体系，按任务时间、复杂度和成果影响力计算教师参与课程共建等内容的绩效值，每月动态积分、年度归档，设有追踪机

制。绩效值用于考核,还与教师发展档案联动,成为遴选相关人才的优先条件。通过该机制,院校从依赖单一成果指标转向“组织贡献模型”逻辑,实现从成果静态比对到任务过程评估的转型。

(三)数据系统再造,任务识别与绩效归因的技术化治理支撑

融合任务复杂性要求评价具备动态捕捉、过程跟踪与多点归因能力,传统书面汇报或人工归档模式无法满足治理需求。为此,部分院校构建了专门的数据治理平台,对教师融合过程中的行为轨迹、项目进度、协同质量等进行数字化存储,并引入多角色协同打分机制,实现绩效数据的结构性沉淀与组织性识别。某省属高职院校建设教师融合绩效数据平台,实时记录教师项目参与频率、课程协同深度、岗位反馈等级、学生就业匹配率等指标,教师可自查绩效画像,管理部门可据此实施动态任务调配、过程预警与年度评价排序。数据平台提升了评价的客观性与操作性,推动院校治理逻辑从“人治调度”向“数据引导”迁移,实现融合治理的结构智能化。

三、融合绩效评价机制的组织联动逻辑与政策耦合结构

教师评价机制的结构性重构并不仅仅是对单一制度进行技术上的调整,而是高职院校在治理方式、资源配置以及发展方向上的深层次回应。作为组织资源分配权力的制度化体现,评价机制的变革一旦启动,将不可避免地影响到人事制度、岗位制度、激励制度、项目制度等多个子系统。成功的制度变革并不仅仅是评价条款的更替,而是构建一个组织结构内部协调、制度流程动态联动、政策环境高度同步的综合响应体系。

(一)岗位结构与绩效制度的耦合机制

岗位制度是组织分工根本结构,绩效制度是任务认定价值标准,二者缺乏制度耦合会导致岗位无责、任务失效或评价空转的结构风险。传统评价体系中,教师岗位结构围绕“课时定岗—科研晋升—行政主导”逻辑设计,绩

效体系与岗位职责脱节，造成“职责模糊—价值虚化—激励扭曲”的困境。部分改革先行的高职院校建立了融合任务岗位制，将教师岗位分为教学岗、项目岗、协同岗、平台岗四大类，并按岗位任务场景设计绩效评价体系。如教学岗以课程完成度等为评价主项，项目岗以任务完成率等为主项，协同岗以组织能力等为主项。通过“岗位—任务—绩效”的三元关系重建，实现结构治理的制度匹配。这种岗位绩效协同机制体现组织分类治理逻辑，使评价制度有清晰锚点和功能接口，实现任务绩效的制度化嵌入与结构性响应。

（二）人才发展制度与评价机制的周期融合策略

教师行为受激励机制导向，发展受路径设计牵引。绩效评价若不嵌入教师发展周期、不形成制度化晋升路径，就无法构建组织动能。因此，绩效机制改革需同步重构教师发展制度，使其成为成长路径的一部分，而非孤立的评分制度。部分院校将融合绩效画像纳入教师发展全过程，在师资遴选等环节设融合发展等级与任务成长档案。如某职业院校设四阶融合贡献等级，要求教师在特定周期完成任务包，达标可获称号并与待遇挂钩。此类机制构建了“绩效—成长—发展”相联通的制度循环路径，使评价制度成为教师组织认同与专业成长的结构载体，推动融合任务制度运行的可持续性与组织自洽性。

（三）政策机制联动与上位制度同步性设计

任何高职院校评价机制改革都无法脱离政策结构。现实中，不少融合改革效果受限，原因是院校内部制度演化快于上级政策更新，导致制度空转、成果不被承认、发展受阻。所以，绩效评价机制再设计需要在地方教育治理平台争取政策接口，协调权重逻辑与指标转换路径。

一些区域高职教育主管部门主动介入院校制度改革，在“政策—制度—组织”设转换机制。如某地级市教育局组建融合绩效政策协同研究小组，推动地方教师职称评审文件增设企业协同绩效贡献项，明确活动认定方式与标准接口，为院校内部绩效制度与上位政策建立指标转换算法，让教师获得连续认同与跨层激励。该政策联动机制提升了绩效改革稳定性，打通融合项目成果制度通道，避免教师参与融合任务面临价值断裂，为制度长效运行奠定生态基础。

四、教师评价制度的战略功能与融合治理体系中的组织支点

教师评价机制是高职院校对内运转逻辑与对外治理结构的集中投射。其评价标准决定组织价值取向，指标结构塑造任务分配逻辑，反馈机制重构资源配置体系。评价制度的结构改革是教育系统对融合机制运行逻辑的主动适配与组织深层重构。

在传统高职院校中，教师评价保障教学秩序与科研成果；在产教融合治理体系中，它应成为对任务完成力等的识别机制，对象是教师在融合组织中的制度接口功能。只有以系统任务为核心，才能构建适配融合逻辑的评价体系。

融合治理要求高职院校成为开放系统，其稳定性取决于评价机制对边界行为的控制和对协同任务的激励。教师评价机制的开放程度、反馈结构精度和成长机制持续性，分别影响组织对外部资源的吸附、任务运行流程和融合治理系统弹性。

未来教师评价制度将向“系统价值结构—治理任务识别—跨界协同规则”三位一体改革，表现为教师岗位结构向任务协同型演化、成长机制向融合绩效综合型重构、激励反馈体系向组织外价值链接型升级。这将推动教师组织逻辑结构位移，倒逼教育治理体系再平衡，使融合任务转化为“组织能力结构”，构建制度性内核。

在此基础上，教师考核评价的开放性重构为其他核心制度提供支撑接口，构建完整的治理图谱。随着治理平台化推进，教师评价机制将成为推动高职教育系统转型的核心力量和战略支点。

第五节 校企联合治理中的教师参与机制与制度嵌合策略

教师不仅是教育任务的承担者，更是高职院校结构的关键组成部分。在产教融合治理体系中，教师的角色定位已经从单一的教学节点扩展为制度的接口，其活动范围已不再局限于课堂教学与课程设计，而是扩展到项目组织、资源调度、流程协同、规则制定等多个层面。在联合治理机制下，教师必须完成从知识传授者到制度参与者的根本性转变，其在制度中的角色嵌入程度，直接关系到校企共建平台的运行效率与治理结构的稳定性。

一、校企联合治理结构中的教师制度缺位与权责脱节问题

在传统的教育体系中，教师制度长期受到院校组织逻辑的制约，其职责范围、职业发展路径以及制度安排均以内部教学系统为核心。然而，校企联合治理的运行逻辑建立在多主体的协同合作、制度的共同建设以及资源的共同管理之上，这要求教师的行为与企业的流程相互融合，并与平台机制同步运作。这种结构性变化使得原本稳定的岗位制度和权责体系面临重新界定和制度重塑的紧迫需求。

（一）治理角色不明，教师制度地位未纳入协同治理结构设计

在多个试点项目当中，校企联合治理机制出现了组织结构二元分化的现象。院校将教务、人事、科研等职能部门当作制度核心，企业则把项目经理、技术主管、岗位导师作为执行的主要线条。教师处在这两个结构之间的“制度真空地带”。在治理体系里，教师身份界定模糊、权限范围不明，既没有被正式授予参与企业协同治理事务的权限，也没有在院校制度架构中形成对接的机制。这种制度身份的模糊不清，造成教师的治理行为既无法落实为组织责任，也不能转化成制度权利。

（二）流程权限错位，教师缺乏制度化协同路径

在项目整合推进的过程中，教师通常肩负着诸多实际的组织任务，包括

与企业沟通对接、时间协调、资源调配以及数据管理等。然而，由于缺乏正式的流程权限和制度上的授权，教师的行动无法融入治理流程的主干，导致许多决策环节仍旧由行政人员掌控，教师的角色仅限于“辅助执行者”。这种制度角色与行为功能的不匹配，限制了教师在组织协同中发挥核心作用，反而导致了流程的迟滞、责任的不明确以及资源的浪费。

（三）没有制度接口的协同行为不可持续

在融合治理过程中，教师的许多非正式行为往往缺乏与制度的衔接，难以形成组织记忆，也无法获得制度性的反馈，最终导致其行为成为“结构性透明劳务”。例如，在某些校企合作项目中，教师虽然承担了引入企业资源、设计项目制度、调度学生以及评估成果等关键职责，但仍然无法被纳入评价体系，缺乏相应的任务积分和合同化追溯机制，使得其工作既未得到系统的认可，也无法被组织统计所包含。这种制度上的“不可见性”，不仅削弱了教师的积极性，还破坏了治理结构的稳定性和发展性。

上述问题揭示了教师参与校企联合治理不应仅被视为对现有行政流程的补充，而应被纳入高职院校运行逻辑，并进行制度上的整合与结构上的嵌入。只有在治理规则中明确教师的权利与责任边界、融入参与流程、设定评价路径，才能实现高职院校从单边管理向多元共治的系统性转变。

二、教师制度角色的重构逻辑与典型治理结构的组织样态

教师是否能成为治理要素并融入校企联合平台，并非取决于其个人能力的充分性或行政意愿的开放程度，而是取决于治理平台是否确立了明确的制度入口、规则接口以及组织认知路径。唯有当教师的制度性角色在组织结构中得到明确的认可，其行为才能拥有合法性的基础、规则的支撑以及结构的指引，进而成为融合治理体系中真正具有可持续性的制度节点。

(一)制度入口机制,角色合法性与参与身份的结构确权

在多主体共治体系中,无正式制度身份的教师,即便承担治理任务,也无法获组织角色确权。此问题在多数融合项目中体现为“制度边缘性”与“身份中性化”并存,如教师在项目协议、任务责任清单、合作机制图谱中缺失定位。而在典型实践里,部分高职院校在治理平台制度设计初期,就设定教师制度参与条款,把有企业实践、项目执行与资源组织能力的教师纳入平台治理结构“第二执行单元”,使其拥有课程设计、项目调度等治理环节决策接口。这种结构安排既赋予教师制度身份,又建立起教育系统向产业系统开放边界的“制度缓冲层”。

(二)流程接口机制,任务环节嵌入与职责行为绑定

教师的制度角色,不应仅体现于制度文本,还需要在具体治理流程中有制度化接口。典型平台治理结构采用任务链治理模型,将治理项目分为规划设计、资源统筹、教学组织、成果评估四个阶段。教师作为协同中枢,在资源统筹与教学组织阶段承担任务调度、技术成果引导、学生岗位胜任力评价三重职责。以某双元协同治理示范平台为例,平台有任务节点图谱与行为编码系统,明确各任务流程节点中教师的参与情况、方式、行为记录生成及成果回流组织系统的方式。流程接口设定让教师从治理流程外的技术顾问变为治理结构中有制度行为编号和过程责任的正式成员。

(三)组织认知机制,从辅助劳务向治理主体的价值跃迁

治理结构实质运行依赖制度图谱、流程规范,更依赖组织成员对角色定位的稳定认知。传统组织文化中,教师多为执行者与支持者,治理中面临其他角色制度优势。若无组织内部认知转化,教师即便获得制度赋权,也难以履行协同治理职责。部分治理能力强的高职院校构建协同角色认知重构机制,引导各方建立对教师治理价值的制度性认知,方式有:①设教师治理能

力等级体系，明晰治理贡献结构；②组织双边研修，推动制度语言统一；③建平台治理行为表现库，记录教师治理轨迹等并纳入评价体系。该机制提升了教师制度参与的组织黏性，使其获得制度赋能与组织尊重，实现从辅助到治理角色的跃迁。

三、制度嵌合路径与多层级教师治理机制的构建方式

在联合治理平台的制度体系中，教师制度的融入不应仅限于角色的描述与职能的简单叠加，而应发展成为一套完整的结构机制。该机制应包含入口通道、行为规则、过程接口以及绩效输出等关键要素，并应融入治理平台的整个生命周期流程中。基于典型平台型组织的运行经验，教师治理机制的有效构建需实现三个维度的组织系统性：制度嵌合的结构严密性、治理行为的组织契合度以及任务驱动的路径联动性。

（一）嵌合式制度设计，将教师纳入组织结构主轴

制度融合的核心逻辑在于突破传统的行政与教学二元对立，将教师的职能融入以项目为驱动、以成果为导向、以平台协作为核心的综合治理体系之中。在一些院校的制度架构设计中，治理任务矩阵被设立，其中横轴代表治理环节（包括设计、执行、反馈、改进），纵轴代表治理主体（包括教师、企业、管理者、学生），从而明确各治理单元的角色定位与任务流转路径。

在矩阵结构中，教师的角色已不是辅助性的，而是成为任务节点的组织负责人。例如，在设计阶段，教师与企业技术人员合作，共同制定课程模块和岗位能力清单；在执行阶段，教师与企业导师共同实施混合式教学流程；在反馈阶段，教师组织学生能力评估，并将结果反馈至项目质量监控系统；在改进阶段，教师依据项目运行数据参与制度修订和资源的重新配置。这种融合机制通过矩阵式任务结构，将教师从制度的边缘推向组织的核心，成为治理结构的内在组成部分。

（二）多层级治理行为分工机制，构建从执行到设计的责任链条

制度的嵌合不仅要求结构的存续，更需要确保行为逻辑的有序组织以及责任链条的明确划分。一些平台正在尝试建立三级治理角色体系：第一层为项目执行教师，负责具体的教学活动及岗位对接；第二层为协同组织教师，承担校企协同的接口工作、资源整合及流程调度；第三层为制度构建教师，参与校企协同治理规则的设计及跨平台协调机制的构建。该结构设计的核心在于通过角色的明确分工，实现治理任务的垂直分层与组织负载能力的横向拓展。每一层级的治理行为均配备相应的制度接口和行为反馈机制，从而构建起任务、责任与评价之间的稳定通路。例如，在某工业技术类高职院校，教师若希望晋升至协同组织层级，必须完成两个项目协同案例和一个治理机制提案，通过平台的评估后，方能进入治理构建层级，参与校企协作规则的优化。此类结构设计不仅加强了教师治理路径的晋升梯度，也促进了教育系统治理结构的分层演进。

（三）任务驱动下的制度协同与绩效反馈通道

教师治理制度的落脚点是制度执行效率与组织产出的绩效转化能力。若教师治理行为无法进入组织绩效结构体系，会使治理行为制度不可见，失去激励与结构性意义。所以，在制度嵌合机制中，构建基于任务驱动的治理绩效反馈机制很重要。

典型路径有：①设立治理行为登记系统，记录教师治理参与行为并存证；②开发治理绩效积分体系，将项目推进效率等指标转化为可量化分数，定期计入教师组织画像；③建立绩效转化接口，将治理积分嵌入人事管理制度，实现制度价值链闭环运行。

例如，某综合类高职院校平台，完成项目治理阶段任务后，教师治理记录自动上传至融合治理绩效模块，系统计算相关维度并同步进入教师发展数据档案，为职务晋升等提供依据。此类机制打通了“制度—行为—绩效”

的路径链条,让教师治理行为获得制度正当性与结构回报率。

四、教师嵌合机制的组织价值与融合治理体系的未来结构走向

教师参与联合治理的制度嵌合,本质是组织治理范式的转型。传统高职院校中,治理权力集中于行政职能系统,教学系统是执行单元与课程运营平台;新型融合治理体系中,教师系统要从“服务结构”转为“治理结构”,制度角色需重新组织、定位,并嵌套进主流程、主分配与主结构。

嵌合机制打通治理功能链条,将教师从知识承载体变为制度节点,使其既承担任务又创造规则,成为结构型治理因子,是校企共治的关键通道。

从治理系统演化逻辑来看,教师参与机制的制度嵌入能增强融合平台三类组织能力:一是任务协同能力,教师是连接教育与企业的枢纽;二是结构柔性能力,教师制度结构可实现岗位转换等,承担柔性调节角色;三是制度传导能力,教师能促进制度语言与组织文化融合。

未来联合治理平台将从结构共建向任务共治等阶段演进,教师嵌合机制需要同步完成三项转型升级:角色重构从任务执行者变为结构构建者;评价机制从教学表现型跃迁至治理绩效型;制度身份从校内职位逻辑进化为平台责任逻辑。

教师不再是“执行终端”,而是多边治理结构的治理中枢力量。制度嵌合路径建立是组织边界重构的过程。当教师制度角色、治理行为、协同能力满足条件,高职院校才能实现组织进化,为产教融合奠定制度基础。

第四章 教师制度结构的现代转型与产教融合治理体系的内生牵引

教育系统对外部产业系统的回应,不仅体现在课程与资源方面,更在于教师制度结构深层调整与组织逻辑系统重塑。传统教师制度强调岗位稳定、任务可控与结果可评,较少关注教师在多主体共治平台中的功能与价值。在融合治理推进背景下,教师制度结构成为高职院校融入区域产业协同的核心变量。

治理重构趋势要求教师制度从教学执行系统向平台治理结构转型,这是组织哲学、制度逻辑与资源配置原则的深度转化,正走向系统治理功能再定义的新阶段。

当前核心任务是构建能承载多维任务、链接多元组织、支撑动态协同的教师制度体系。制度运行上,要实现教师发展机制与治理任务联动融合,明晰教师组织边界,建立结构性反馈机制。如此,教师制度才能成为融合治理体系的结构承载单元与组织内驱核心。

第一节 产教融合治理范式转型中的教师制度再定位

教师制度的历史演化依附于教学任务的结构性需求与组织架构的行政性配置。在以“教学—科研—服务”为功能划分的教育治理逻辑中,教师制度的组织角色被限定于教学系统内部,制度设计围绕岗位编制、工作量统计与成果认定展开。其组织地位被默认为执行型制度单元,价值体现于标准化指标，缺乏结构性功能认知。

随着产教融合从项目合作向平台共治转型，教育系统的组织边界与制度结构重构。融合任务成为院校运行主流程重要组成部分，治理平台成为制度枢纽。在此转型下，教师制度若固守传统定位，将在治理格局演进中失位，导致制度反馈迟缓、组织接口丧失与任务治理能力弱化。

一、从行政统筹逻辑走向平台治理逻辑的结构裂变

在传统的教育治理体系中，职能部门作为管理的核心，通过课程审批、教学督导和绩效考核等手段，对教师制度进行统一的规范和管理。这种以中心为基点、边缘为辅助的治理模式，注重制度的控制、任务的量化以及成果的分配。然而，这种模式的组织适应性在很大程度上取决于治理环境的稳定性。在当前治理环境中，多方协同、频繁互动和跨域资源流动已成为常态，原有的教师制度结构开始显现出系统惯性大、边界响应迟缓以及任务适应性不足的问题。

平台治理逻辑强调去中心化、模块化和接口化，其制度运行依赖组织间的结构嵌套、流程对接和角色共建。在这一逻辑下，教师制度必须实现从被管理对象向治理协作单元的转变，重新构建其在治理平台中的组织身份、参与权利和行为接口。这不仅需要改变制度的外在形态，更要求重构制度的内在逻辑，使教师制度能够作为任务平台、组织平台和资源平台的结构基础，融入平台治理体系之中。

二、教师制度“内嵌化”进程中的结构应答逻辑

在治理结构的深入剖析与制度空间迅速拓展的背景下，一些院校正尝试通过岗位的重新分类、角色的重新定义以及权责的重新平衡，以推动教师制度的结构性重新定位。其中，一个核心的制度趋势是将教师制度从一个任务承担平台转变为一个组织驱动平台，即从执行者逻辑转变为组织建设者逻辑。

这一转变的核心，并非在于岗位数量的增加或任务种类的多样化，而在于教师制度是否被整合进组织发展的主要流程中，是否具备支持组织进化的功能性结构。例如，在某些融合平台型院校中，教师制度被整合进项目立项流程、标准制定议程、治理规则协商机制中，成为制度输出的参与者与制度形成的内在变量。通过这种方式，教师获得了对治理事务的结构响应力，对平台资源的制度调度力以及对组织发展方向的影响力。

三、教师制度组织化的战略意义，从资源配置工具向治理能力结构转化

教师制度的组织化战略价值体现在其构建了一套适应未来教育治理逻辑的自适应结构系统。面对任务复杂化、平台关系网络化以及外部依赖增强的现实，传统的单一层级、静态指标和线性发展路径支撑下的教师制度结构，已无法应对现代教育系统的结构压力和治理的复杂性。

教师制度组织化的本质是在组织架构、制度流程与平台逻辑之间建立多重对接机制，确保教师既是治理目标实现的主体，也是治理系统结构的组成部分；既能执行教育任务，又能在制度空间中构建任务；既能对接平台资源，又能转化治理目标。这一转化的关键是将教师制度设计与院校治理逻辑分离，使其不再仅仅是行政架构的附属部分，而是成为治理系统中的核心结构要素，具备演化能力、自组织能力和适应能力。

四、教师制度结构重构的路径逻辑与平台嵌合机制设计

高职院校对治理逻辑演进趋势的精准识别是教师制度结构重构的首要前提。在融合治理机制下，面对任务的非线性增长、资源跨界协同以及平台多中心运转，传统的以“部门—岗位—职能”为轴心的线性制度构型已显示出组织耦合能力的减弱和制度反应的迟滞。若教师制度继续遵循“单向供给—内部调配—结果评估”的封闭逻辑，将无法适应高职院校向平台化、项目化以及多主体协同治理体系的战略转型需求。

有效的制度重构路径必须实现系统性的跃迁,涵盖组织结构维度、制度流程维度与功能适配维度。这意味着教师制度需要从组织执行型结构转变为组织生成型结构,从岗位职能块转化为治理能力包,从教育系统的边缘角色转变为平台治理的核心模块。

(一)模块化重构路径,以治理任务为基准重塑制度单元结构

模块化制度重构使教师制度从传统岗位分工逻辑转向任务驱动逻辑,将制度单元功能界定基于项目任务维度,而非职能科层体系。基本策略为:按不同融合治理任务(如课程共建等)分组,转化任务为功能模块,赋予教师制度主责身份。平台运行时,教师制度不以岗位归属、职称等级为唯一标准,而以任务模块分布等为治理依据。例如,能承担跨校企课程开发等任务且有成果输出能力的教师,制度位置可优先嵌入平台治理核心环节。模块化重构路径的意义在于重新规划制度组织边界,让教师成为可调度的组织治理节点,而非依附部门或管理层。

(二)流程化嵌套机制,将教师制度行为系统纳入治理主流程

模块化结构高效运转依赖流程体系逻辑闭合。教师制度结构重构需要与治理流程形成"任务—行为—反馈"三段闭环机制。流程化嵌套机制核心是将教师在治理平台的行为纳入制度化主流程,形成组织行为链。部分平台化院校构建融合治理行为流程图谱,对教师制度行为节点数字化登记、评估并对接绩效反馈,嵌入年度发展档案系统与平台能力评定体系。这种流程化嵌套机制提升了教师制度运行的合法性与行为的可视性,确保了教师制度行为与平台治理机制同步。流程化嵌套机制本质是治理行为结构化重构,是制度身份与行为逻辑的制度化映射,通过逻辑对位实现教师行为从教学逻辑向治理逻辑的制度过渡。

(三)平台化组织联动策略,将教师制度嵌入任务协同中枢与结构驱动层级

教师制度结构重构的路径是将其纳入平台组织运行中枢层,实现从高职院校资源使用者到平台协同治理制度供给者的转变。教师制度平台化不仅要求教师参与治理任务,还要求其成为制度协同发起方与流程再造设计者。典型策略是设立教师治理功能区块,赋予不同教师组织治理项目模块,形成“结构功能—任务响应—制度反馈”三位一体的组织单元。如在一类先进制造业产教融合平台,教师分为三类平台任务单元:标准嵌合模块(负责课程—岗位标准转化);流程治理模块(负责教学—生产流程协同管理);绩效评估模块(负责参与岗位能力—教学成果对照评估),三类模块形成治理闭环,各节点由平台教师制度组织承担职能。这种制度组织策略突破岗位层级逻辑,确立教师平台功能单元身份,使其成为院校治理与企业运行间的制度中介,推动平台治理从单向供给向多向协同演化。

五、制度反馈体系与组织的制度生成能力构建

组织演进的核心并非体现在结构扩展的外在表现上,而是在于制度功能的内在生成力。对于教师制度而言,其在平台治理中的真正价值,并非行为频率的简单累加,亦非仅限于角色界面的扩展,而是构建了一个能够表达组织意志、实现制度反馈循环以及具备机制创新生成能力的完善制度子系统。只有当教师制度具备了回应性、联动性与生成性,才能从治理系统的输入端迈向逻辑核心,实现从参与型结构向生成型组织的根本转变。

(一)教师制度的反馈路径重构,从任务响应型机制向结构回馈型机制演进

传统教师管理制度反馈体系高度依赖成果呈现与静态统计,评价围绕教学质量、科研成果与学生反馈,忽视教师在融合治理中的过程性价值与组

织性贡献。大量平台参与行为因缺乏指标归口等被制度屏蔽，导致治理行为组织不可见。构建制度反馈机制，首要任务是建立教师治理行为的组织回路系统，典型做法有三类：一是设立治理任务数据登记平台，全流程记录与数字化沉淀教师治理行为；二是建立协同行为绩效指数模型，将任务响应速度等纳入多元评价框架；三是设计治理行为制度映射图，将教师行为结果映射至组织调整等节点，推动治理行为向组织机制反馈闭环转化。这种结构回馈机制的核心价值是将教师制度引入治理再生产系统，使其成为制度优化、组织演进与机制更新的动力源。

（二）教师制度的生成功能重构，组织再生产中的制度中枢地位构建

治理平台高阶演进要求高职院校不仅是制度接受体，更应成为制度设计与生成体。教师制度的组织重塑不应仅停留在功能嵌套与流程协同，还应承担制度创新等组织职责，成为制度共创者与传播者。

在部分有机制引导能力的高职院校，教师制度被赋予“制度孵化平台”功能。典型路径有：建立以教师组织为核心的融合治理制度研创工作组，让教师主导治理规则起草等工作；设置治理经验沉淀机制，将教师在融合项目中的成果汇集为平台制度案例库；创建治理制度提案通道，为教师制度行为提供制度构建接口，实现治理行为转化。

通过这些制度生成路径，教师制度具备制度语言生成等能力，推动高职院校从任务导向转向为制度导向，从治理适配跃升为制度牵引。

（三）教师制度组织内核构建的未来演进方向

高职院校韧性取决于结构构建协同能力、制度单元生成能力与反馈机制自洽程度。教师制度作为融合治理结构中接近“教学—治理”双边界的单元，有调节张力、连接接口、生成协同机制的优势。未来制度演进需要从三个层面构建内核：结构上，教师制度从附属模块转为组织主架构单元；流程上，实现治理任务、平台参与与组织反馈高度嵌合；机制上，建立教师制度对

治理平台的完整制度循环。当教师制度被视为平台治理内在结构、生成逻辑纳入供给系统、行为数据成为决策与调优依据,其组织生命才能融入高职院校重构进程,成为融合治理体系的核心支撑。

六、教师制度结构的内生构建逻辑与治理系统中的组织功能跃迁

教师制度作为高职院校中最具能动性的结构单元,其组织角色与制度逻辑的重构,反映了治理体系内部权力结构、任务分工与反馈机制的深层变动。平台型治理结构带来的最大组织冲击是制度嵌套逻辑的深度转化。教师制度能否从行政附属转型为平台结构单元,决定了融合治理体系在组织层面能否形成稳定耦合与动态韧性。

治理系统的升级本质是结构功能重构。传统教育体制中,教师制度长期处于工具性治理地位,核心功能是落实教学任务、规范教学资源使用与过程。在融合机制下,组织任务形成复合结构,要求教师制度具备四方面的内生治理能力:一是制度接口能力,能在不同结构间实现角色对接与规则适配;二是结构承载能力,可将平台任务转化为组织流程,支撑组织运行;三是组织再生产能力,参与治理并生成治理路径等,成为组织进化的内在因子;四是治理张力调节能力,调节校内部门与企业接口间的冲突、差异与摩擦。

未来教师制度应是融合治理结构中的制度支柱与结构引擎,这要求高职院校在制度层面完成三项转变:从岗位性制度逻辑走向组织性制度逻辑;从静态任务配置走向动态机制生成;从纵向绩效传导走向横向结构协同。

教师制度能否嵌入治理结构,取决于其向结构型治理要素的转换能力,以及高职院校是否提供制度生成接口与结构成长路径。当教师制度获得“治理赋格”“结构接口”“流程存证”,将成为平台机制的结构基础。高职院校也将在结构重构中获得跨系统运行能力与长期制度韧性,完成组织跃迁。

第二节 教师组织形态的结构演化与平台治理功能契合机制

教师制度的组织形态并非孤立于教育系统治理架构外的静态存在，而是随治理理念、任务模式和结构逻辑变化不断调整重构的制度载体。传统教育管理体系中，教师组织以学科分工、岗位编制、行政调配为构建逻辑，形态高度科层化，岗位稳定、责任垂直，适配教学任务标准化等治理模式，存在强组织控制力与低任务适应性的张力。

随着融合治理机制的推进，教师的制度功能与治理角色发生了深刻变化。其组织行为超越传统课程的实施任务，嵌入治理的关键流程。结构上从组织封闭单元演化为任务协同节点，从职能稳定结构变为平台运行组件，这种演进由融合任务对组织的结构牵引和资源结构对职责形态的驱动共同生成。

一、组织形态演进的结构驱动力与治理结构的制度拉力

教师组织形态发生变化，根源在于治理结构的改变以及任务生态的重新定义。平台化治理结构的引入，使教师不再单纯作为教学活动的服务对象，而是成为制度流程里的资源动员者、流程推动者和协同治理者。这种角色转变所产生的制度性后果，是对既有组织形态造成了结构不匹配的挑战，进而引发制度内核的瓦解与组织单元的重构。

（一）治理结构去中心化趋势推动组织形态扁平化演化

在传统的管理体系中，教师的组织形态高度依赖“教研室—系部—职能处室”这一线性行政链条。权力集中于上层，资源配置通过行政计划来实现，教师制度结构的唯一组织身份来源于岗位所属与学科归属。尽管这种结构便于管理和考核，但在处理跨学科、跨组织、跨流程的融合任务时，却表现出明显的组织延迟、职责模糊与行为断裂。

平台型治理结构强调权力的任务化释放与组织间的多向连接，迫使教

师组织从行政命令的响应终端转向任务流的组织中枢。这一结构的转变推动教师组织结构向“去层级—多点位—柔接口”演化,形成协同治理需求下的扁平化组织网络,使教师组织具备横向联动能力、节点生成能力与治理参与能力。

(二)任务逻辑驱动下组织单元的功能模块化裂变

随着融合任务结构性的演变,教师组织的功能亦需进行相应的重构。传统上,教师组织的形态以学科专业和教学任务为界限,职责分明,组织凝聚力强,然而在结构的灵活性和功能的冗余性方面存在不足。在新时代背景下,任务结构呈现出明显的项目化、模块化和周期化特点,这要求组织能够迅速进行调度、整合职责并快速产出成果。

在任务逻辑的驱动下,教师组织不得不跨越现有的学科界限,构建以课程开发、项目对接、资源配置和标准制定为核心的治理功能模块。这些模块由跨学科、跨岗位、跨职能的人员临时组成,通过项目机制而非传统行政流程运作,组织边界根据任务的动态变化而相应调整。这种组织形态实质上体现了组织组件化的趋势,即教师组织不再是固定不变的单元,而是根据治理任务的需要进行结构配置的模块化系统,具有高度的适应性和流程嵌套能力。

(三)结构响应性逻辑下组织流动机制的制度嵌入

教师组织结构的终极演变依赖其是否拥有在任务驱动下的结构响应机制。结构响应能力愈强,组织形态愈接近于平台治理逻辑所要求的流动性、开放性与协同性。为了适应这种需求,部分平台型院校建立了教师组织流动机制,即将原本编制固定的教师群体制度性地划分为常驻型岗位教师、轮动型项目教师、挂职型平台教师三类结构群组,各群组根据平台任务、项目节奏与合作任务进行周期性、任务性的流动。

在此机制下,教师组织不再以岗位稳定为追求目标,而是以结构响应为基本制度逻辑，组织形态的核心特征不再是“结构稳定”，而是“治理适配”，这标志着教师制度真正融入治理结构的过程已经实现了从结构稳定逻辑向动态协同逻辑的制度性跨越。

二、平台治理结构的类型差异与教师组织形态的制度适配机制

平台治理并非由单一结构体构成，而是根据任务配置、权责分配以及制度衔接路径的不同，展现出多种协同模型与制度逻辑。教师组织形态的演变路径，必须融入各类治理平台的制度架构之中，与治理流程、职责网络以及资源接口形成结构上的和谐共鸣。不同的治理模式在吸纳教师组织结构、参与界面以及行为反馈逻辑方面，表现出显著的制度异构性。制度适配能力的高低，决定了教师组织是否能在平台体系中获得治理地位与结构嵌合力。

（一）专业导向型平台中的“协作嵌套式”组织形态

以专业集群为核心的校企合作平台，治理特征为任务聚焦、资源流向单一、目标系统内部一致。此结构中，教师组织参与机制以专业协作为主，治理路径是“教研组—项目组—联合开发组”的渐进型协同机制。教师组织在平台承担标准翻译者、课程协同者与项目带动者角色，组织边界稳定，结构为协作嵌套式模型，以原有专业组织为基础单元，附加治理任务升级组织功能。

此类结构对教师组织制度要求明确，关键是流程接入路径与任务评价机制制度化。部分示范性平台构建了任务责任双认定机制，项目立项初期明确教师组织在课程建设、企业接口、岗位能力转换等节点的职责与成果接口，形成横向嵌套、纵向响应的制度结构，使组织参与嵌入治理规则。

（二）项目驱动型平台中的“结构漂移式”组织形态

以产教协同项目为主导的治理平台，任务周期短、内容更新快、协同接口多。教师组织要在多任务、多主体、多阶段治理流程中灵活转换职责、调配资源、协调行动。这种动态治理需求使原有组织结构难以支撑复杂任务

生态，教师组织呈现“结构漂移式”形态，即组织边界、职能定位与协作路径随任务变化不断重构。

这种结构给教师组织带来两项制度挑战：一是组织解构与再组装能力，即教师群体在项目中能否快速实现职能分化与协作机制构建；二是治理行为的制度存证能力，即在高频变动中如何确保教师治理行为在制度系统中留下绩效记录与解构痕迹。

为应对此类结构压力，一些平台采用教师协同组织标签化管理机制，为教师设定治理功能、任务适应能力与组织嵌合能力标签，根据平台任务实时组合组织模块，通过平台治理数据系统追踪行为轨迹，实现制度性记录与后续性识别。组织形态摆脱岗位属性束缚，向任务模组演化，实现组织响应力与制度记忆能力的结构统一。

（三）综合治理型平台中的“复合组织体”结构形态

在集项目、资源、标准、平台于一体的综合治理平台中，教师组织的治理功能从执行层面扩展为制度设计参与者、流程构建合作者与组织结构发育单元。该平台有多元目标体系、复杂制度接口与动态战略适配需求，教师组织需在教学、治理与外部资源系统中完成结构嵌套与职能协同。

在此平台中，教师组织演进为“复合组织体”，有多重治理身份、交叉组织归属与层级结构流动性。组织行为以治理任务为导向，结构逻辑以项目配置为核心，制度边界以组织协同为锚点，类似“治理细胞单元”集群，承担部分制度生成等任务，有较高组织生长性与结构创新能力。

部分领先平台将教师组织纳入制度实验模块，授权其对课程资源配置等提出建议并试验运行，成果纳入平台制度升级流程，由平台治理理事会评估吸纳。这种嵌入机制构建了教师组织从响应执行到结构生成的制度进化路径，标志其组织形态从执行系统跃迁到制度系统。

三、组织治理能力的生成机制与结构绩效的制度耦合模型

平台治理并不仅仅是多个主体并存的简单体系，而是涉及治理能力结构的系统性匹配工程。在该治理体系中，教师组织是否具有实质性的结构价值，取决于其是否能够产生稳定、可度量、可转化的治理能力。治理能力不仅是功能性的体现，更是组织结构、制度接口与平台逻辑相互作用下的制度性表现。组织绩效的核心在于制度与行为在结构空间内的互动效率。只有当教师组织具备制度响应力、结构整合力与行为沉淀力时，治理绩效才可能在平台系统中真实地产生、长期地持续并实现结构上的固化。

（一）治理能力的结构构成与绩效生成逻辑

教师组织治理能力并不是个体能力线性叠加，而是组织体系对外部任务压力、制度环境变化和协同路径异质性的集体结构性回应。其治理能力分三大维度：一是结构适应能力，即能否依据平台治理逻辑快速调整组织结构、职能与边界，体现组织柔性与动态响应性；二是任务承载能力，即能否对接治理任务并转化为可执行流程，体现组织功能的组织能力与任务分解能力；三是制度再生能力，即能否将治理实践转化为组织规则、流程与制度，体现组织内嵌能力与制度贡献能力。治理绩效生成遵循“平台输入—结构响应—任务执行—行为记录—制度反馈”的五步闭环机制。教师组织在各节点的制度表现与任务绩效，决定其在平台结构承认与资源再配置中的分配权重。

（二）平台组织绩效评估模型的嵌套构建路径

平台治理结构要求绩效评估不仅关注结果，更聚焦组织机制过程中的行为、协同质量与制度输出。部分区域治理平台构建了以“组织任务路径—行为贡献结构—绩效反馈接口”为核心的三段式教师组织绩效评估模型。

模型设计基于任务单元化、行为编码化、结果可转化三项原则，具体机制如下。

治理任务行为识别机制:拆解教师组织承担的治理任务,细化为流程与制度节点,建设标准化行为录入系统。

结构嵌合评价系统:根据教师组织的制度参与度、节点连接度与接口协同度,计算组织贡献值。

绩效转化路径映射模型:将治理绩效反馈至组织人事、资源调度与平台治理权重配置,建立"行为绩效—组织回馈"的制度闭环。

通过该模型运行,平台治理从单一行政判断的结果导向系统,转变为以结构耦合性与制度沉淀为标准的组织绩效生态系统,教师组织的制度权力、资源权重与发展路径由绩效生成逻辑决定。

(三)治理能力的组织沉淀机制与制度性再生路径

治理绩效的可持续性源于治理能力能否被组织结构吸收、制度系统转化与机制规则化表达。若教师组织治理能力长期处于行为层面,未形成制度成果,会导致组织功能反复、协同成本上升与平台机制空转。部分平台构建组织治理能力沉淀机制,推动教师组织治理能力由过程行为向结构常量演化,主要机制有:行为数据沉淀系统,将治理行为转化为数字轨迹存于组织数据库,设定结构行为指标与制度反馈端口;组织经验制度化机制,将教师组织项目治理经验提炼为"组织模板",形成制度规程等;结构能力显性化路径,通过设立评估体系等,使治理能力形成组织再生内容资产。这些机制实质是构建平台治理生态中制度组织、任务行为与绩效价值的循环机制,确保教师组织从"制度消费者"变为"机制供给者",从"结构调度对象"转为"平台逻辑主动因子",完成从制度边缘输入到结构中枢生长的治理跃迁。

四、教师组织结构的战略转型逻辑与治理结构中的未来制度走向

教师组织形态演进是制度深层逻辑与组织功能生态的系统重构。平台治理要求将高职院校从纵向职能治理单元转化为横向任务耦合网络,教

师组织需完成从岗位配置体到平台功能体、从任务执行端到制度嵌合核的跃迁。

组织范式切换标志制度时代更替。在高度平台化的教育系统中,传统教师组织逻辑无法响应平台治理要求,原有优势变为系统负担。

平台治理推动教师组织形态从功能固化结构走向治理自适结构,治理主线围绕动态过程展开,要求教师组织在制度定位上实现三重重构:一是组织身份逻辑重构,教师须具备制度接口意识等才能进入平台主逻辑;二是组织结构逻辑重构,从单一静态单元转向动态多元单元,编制逻辑由岗位容量导向转向任务容纳能力导向;三是组织价值逻辑重构,制度机制转向依据平台任务参与等进行结构性评价。

未来治理结构演进伴随教师组织制度再模块化等,平台嵌入教师组织趋势不可逆转,制度系统推动组织行为数据化等三向制度固化。教师组织将成为平台体系关键治理节点。

组织演进目标是机制造势、系统进化。当教师组织完成治理能力等转化,教育治理结构才能获得所需结构支撑力,教师制度才能摆脱传统困局,成为平台治理结构的核心构件。

第三节 制度平台化背景下的教师组织结构重构与模块生成机制

教育治理体系的深度平台化趋势推动组织结构从功能分工逻辑向制度接口逻辑转变。在此背景下,教师组织不再以科层归属、任务承载与身份标签界定制度主体,而是被重新嵌入以平台运行、任务协同、资源重构为主轴的制度系统。这一转型要求教师组织从封闭向开放协作、从岗位逻辑向机制逻辑、从静态归属向结构功能单元转变,形成具备流程适应、制度参与与平台生成能力的治理模块。

制度平台化是组织治理模式的范式更替,它改变任务组织方式,重塑制度资源分配权、协同规则生成机制与绩效评估维度。在此逻辑下，传统教师组织因制度弹性不足、结构响应缓慢、协同接口缺失面临边缘化风险。若教师组织制度不能完成平台治理结构下的功能转换与机制重组，将无法维持制度主体地位，失去制度生产、组织支撑与治理贡献的内在基础。

一、教师组织结构平台化的逻辑起点与制度牵引机制

制度平台化并不是对现有组织架构的简单叠加，而是一种基于任务逻辑、流程嵌套以及资源多点协同的结构性重构方法。教师组织平台化的核心目标，在于使教师制度成为教育治理平台的结构性组成部分，而不仅仅是项目化任务的资源附庸。

（一）治理驱动逻辑，平台任务结构对组织边界的牵引效应

随着治理平台以任务包为基本单位构建资源调用结构，教师组织的传统边界逐渐丧失其调配的重要性。平台的运行逻辑要求组织必须以任务为核心进行配置，实现功能的整合与结构的嵌套。这种治理逻辑从根本上改变了教师组织的存在方式，组织不再是被动接受任务的单元，而是成为任务分解与流程设计的制度起点。

在此背景下，教师组织必须具备两项核心能力：首先是结构解构能力，能够根据平台任务的形态进行自身组织的快速重构；其次是制度融合能力，能够将任务过程转化为制度规则，实现治理行为与平台机制的双向嵌入。

（二）制度运行逻辑，平台流程对组织行为结构的规训机制

传统教师组织的运作模式在很大程度上依赖行政指令、职能分配以及岗位任务的规划，其制度行为往往展现出周期性和约束性。然而，平台化制度的运作要求治理行为具备流程的内在属性和接口的协同能力。因此，教师组织必须调整其制度行为以适应平台治理流程，构建能够与治理模块对接、响应流程标准和反馈机制指标的组织行为结构。

平台治理流程要求教师组织的制度融入三种接口机制：首先是协同接口，即教师组织是否能够在不同的治理节点与企业资源之间实现任务的共同建设和成果的共同评估；其次是规则接口，即教师组织是否能够参与制度标准和治理规范的共同创造；最后是反馈接口，即教师组织是否能够将行为绩效转化为制度成果，并将其沉淀为组织的知识结构。

（三）权力结构逻辑，平台治理权重对组织地位的再分配机制

在平台治理结构中，制度权力不再局限于行政职能，而是通过平台控制力转化为结构分布力。教师组织在平台中的地位，不再依赖职称的高低、岗位的层级或行政命令，而是取决于其在平台治理中的结构贡献度、机制生成力与协同表现力。一些治理平台已经建立了组织权重积分模型，将教师组织在平台中的资源引导能力、治理行为节点参与率、制度成果反馈率等作为组织积分的依据。积分等级与平台治理权限直接相关联，实现了结构地位的任务化分配机制。教师组织只有在结构平台中不断创造价值、输出规则与协同治理，才能实现组织地位的持续性提升。

二、教师组织制度平台化重构的结构映射模型与模块生成机制

平台治理体系的核心特性体现在制度单元之间的组合性、接口性和协同性。在这一治理生态系统中，教师组织必须转变为具有明确任务属性、行为接口和流程功能的结构单元。其制度平台化的路径，应当以结构的可映射性、功能的可编排性和机制的可复制性为目标，重构组织结构的逻辑、行为治理的模型和机制的演化路径。

（一）教师组织映射机制，结构节点与任务流程的多维对接模式

平台治理体系的组织构建不以组织归属逻辑为导向，而以任务映射机制为依据。教师组织平台化首先是建立制度层面的“任务—组织—流程”三元映射关系，即平台任务链条不再简单派发给某教研室或岗位，而是由系统

识别所需组织能力,构建相应教师组织模块并映射到任务流程节点。组织映射机制核心工具是结构功能映射矩阵,其设计原则为:以任务维度为横轴,标识平台任务链条的关键治理环节;以组织能力维度为纵轴,标识教师组织的结构能力要素;将任务节点对应到有匹配能力的教师组织单元,实现流程任务与组织节点制度性自动对接。在此基础上,部分平台构建教师组织功能匹配数据库,归档组织成员行为履历、能力标签与制度接口能力,在任务生成阶段调配最优组织组合,实现教师组织制度与任务流程系统结构自动适配。

(二)教师组织的模块化构建路径,结构编排、任务集成与流程契合

平台治理组织形态强调功能模块化,制度要求教师组织在治理中承担完整任务闭环,而非片段任务。教师组织制度平台化第二步是完成组织单元治理功能重新编排,形成可复用、可插拔、可更新的结构治理模块。模块化构建路径分三层:第一层是任务结构层级,按课程开发等任务维度对教师组织进行结构性功能重组;第二层是行为治理层级,将组织功能转换为治理行为流程图谱,标识输入、协同与输出;第三层是制度集成层级,将治理行为固化为制度规则,建立与平台标准的接口,实现组织功能制度转译。组织模块按任务载荷划分,部分示范性平台建立教师治理功能包制度标准,将组织结构划分为平台标准生成等单元,各单元有完整任务闭环能力,通过流程接口协同运行,形成结构网格系统。

(三)组织行为编码模型,制度治理语言下的组织行为表达路径

平台治理标准化运行,要求组织行为能被制度语言识别、数据系统接收与绩效体系反馈。教师组织平台化的最终路径是建立行为制度编码模型,将组织行为以标准编码格式记录到平台治理体系,使其有治理行为正式身份、绩效评价操作接口与资源分配权重依据。该模型以治理行为四元组为设计基础,包括:行为意图,即组织行为治理目标,如流程优化等;行为路径,

即组织行为流程映射，含参与节点等；行为输出，即行为成果类型，如课程资源等；行为转化，即行为成果被平台系统识别并转化为组织绩效或治理规范。行为编码模型可嵌入治理数据系统，形成行为轨迹数据库等，实现教师组织行为的制度识别、治理评价与组织升级。

三、制度平台化趋势下的组织演化逻辑与治理重塑策略

教育体系的演变趋势已不再受行政架构的主导，而是深植于平台型治理结构对任务反应能力、制度协同能力及结构融合能力的实际需求之中。治理平台的逻辑要求高职院校不应仅是制度边缘的执行单元，而应成为治理核心的创造实体。平台治理机制对组织的制度功能提出了三项战略性转变：结构功能需从被动应对转变为制度驱动，组织身份需从职位归属转变为功能承载，治理行为需从流程操作转变为制度参与。

（一）治理机制由项目逻辑向结构逻辑的全面跃迁

传统融合治理机制以项目为运转单元，教师组织围绕项目任务阶段性协作，治理行为依赖项目周期与行政流程。但项目逻辑构建的制度结构缺乏可持续性等，无法满足平台治理长期运行要求。制度平台化推动治理机制运行单位从任务事件转向结构单元，即治理由治理结构自身组织任务与规则生成机制，而非某一项目触发。这要求教师组织从项目参与者转化为结构构建者，治理行为具备组织自驱等结构属性。该转型要求教师组织承载核心治理职能，成为制度平台组成部分，而非外部接口工具。

（二）教师组织的制度功能从行为适应走向机制内生

制度平台化治理的一大转变，是将组织从行政任务接受体转为制度规则生成体。教师组织制度深层重构，重点是获得制度生成力而非提高执行效率。治理语境嵌入能力，即教师组织能理解内化平台治理体系规则，具备跨系统沟通能力；制度路径生成能力，指教师组织能将自身行为成果固化、

封装与转译,形成适配平台的制度单元;机制运行组织引导能力,意味着教师组织在治理机制中有内源驱动能力,形成“平台逻辑—组织机制—治理行为”闭环。制度功能内生化,使教师组织从执行路径的被动角色变为治理路径发起者、结构方案供给者与机制模型嵌套者。

(三)教师组织的结构地位从治理资源转化为平台要素

在传统行政系统中,教师组织作为治理资源配置于课程体系、项目计划与教学任务,功能定位处组织结构后端。平台治理体系关键跃迁是将组织从资源对象转为治理因子、从执行要素转为平台构件。这要求平台治理机制在制度设计上实现三个结构转向:从职能定位转向结构建模,不以岗位职责划定教师组织边界,而以任务场景等构建组织结构;从资源调度转向机制供给,教师组织要具备制度规则供给能力,形成制度输出通道;从边缘配置转向中心嵌套,将教师组织置于平台治理结构的核心节点,与相关系统深度绑定,形成核心张力支点。未来平台化教育系统治理能力取决于组织体系是否具备结构自驱等三重能力构建。教师组织作为平台化治理结构的重要系统节点,应被定义为平台要素,而非传统组织功能残余体。

四、教师组织制度的结构转型逻辑与平台治理体系的制度嵌核路径

教师组织制度的战略价值,不再体现于教学任务落实效率、学科边界内控能力或科研指标绩效呈现,而在于能否作为平台治理系统的制度载体、结构构件与生成源点。在治理平台走向制度自治、组织去中心化与流程算法化背景下,传统教师组织制度结构的封闭性、刚性与线性配置方式,正被平台逻辑取代。

治理平台对教师组织制度的嵌合要求,不仅是纳入机制,更是结构认同与制度投射。一是组织结构须具备平台治理主线的结构映射能力,在平台任务图谱中形成稳定角色节点;二是治理行为须具备制度轨迹沉淀能力,将

组织参与行为转化为制度规则与平台标准；三是组织机制须具备接口协同弹性能力，在多任务、跨系统、高频治理节奏下，完成与企业、政府、平台内其他组织的制度协同。

平台型组织架构中的教师组织，从行政编制配置逻辑脱嵌，进入制度接口映射逻辑的重构过程。其目标是成为制度平台中具备再生产功能的规则供给单元与机制创新引擎，这标志着教师组织制度的组织逻辑从调配式上升至结构化治理逻辑。

未来融合治理体系纵深演进中，教师组织制度演化有三大趋势：一是结构单元化，教师组织以功能模块、任务包体、治理节点形式存在于治理平台；二是制度语言化，组织行为等以标准化制度语言表述，纳入治理平台算法识别与绩效反馈机制；三是治理耦合化，组织运行融入平台治理体系，实现从响应行政命令到生成治理机制的转变。

当教师组织制度融入平台型治理结构，以组织输出、结构生成与制度转译能力获治理承认时，教育治理体系才能形成现代治理格局，教师组织制度也将完成由高职院校资源到治理结构单元的转化。

第四节 教师治理共同体的制度嵌合路径与平台协同策略

教师治理共同体的生成，并非源于角色认同的自发凝聚或行政命令的结构赋予，而是根植于高职院校向平台型治理转型中的制度再配置逻辑。平台治理结构需要能打通知识、制度与治理逻辑的组织中介单元，以协调分工、实现耦合、生成共识。教师组织脱离岗位制度束缚、走出行政科层边界后，其制度表达的真实载体是治理共同体这一新型组织形态。

治理共同体并非教师群体的简单集合，而是以治理任务为导向、制度接口为支撑、结构协同为方式的组织逻辑共同体。其构建体现了教师从制度附属型岗位人向治理功能型制度人的转化，是高职院校结构从执行系统向协同系统的转型标志,也是教育治理平台从管理逻辑走向机制生成逻辑的结构跃迁表现。

一、教师治理共同体的制度逻辑与组织生成结构

平台治理并不仅是任务的联合,而且涉及机制的重构。治理共同体作为承载治理任务的制度实体,必须具备制度身份、结构位置以及治理功能这三项组织属性。构建教师治理共同体时,必须以制度功能结构体作为其构建的逻辑原型。

(一)起点是治理任务的制度分层,不是组织人员的行政归属

在传统的组织逻辑中,行政层级和岗位归属是划分组织单元的主要依据。然而,在平台型治理逻辑的框架下,教师治理共同体的构建不应以职称、学科或编制为出发点,而应以治理任务群作为基本单元。其结构的界限由任务链所决定,其职责和权力则由治理接口来界定。共同体内部的功能配置需围绕治理流程的关键节点展开,包括项目引导、资源整合、标准制定、成果转化等环节。教师的角色和身份不再依赖行政标签,而是取决于其在共同体治理流程中的制度性表现和结构性贡献。

(二)运行基础是机制协同,而非科层调度

治理共同体能否高效运作,关键在于其是否能够建立机制联动链条,而非仅仅依赖命令链条。组织成员间的协作关系应以制度规则为桥梁,以协同行为为途径,以反馈机制为检验标准。共同体的界限并非由部门划分,而是由制度接口的透明度决定。

一些平台型组织通过建立教师治理协同协定机制,将教师在治理共同体内的角色职责、任务节点、行为接口以及绩效反馈融入协同规则之中。教师是否参与治理共同体,并非由管理命令所决定,而是由协同机制的适应性以及治理结构的制度需求所决定。

（三）组织价值体现于制度参与力，而非行政存在感

治理共同体的价值体现，并非在于其作为管理实体的存在，而在于其是否具备参与治理过程的制度能力。一个名副其实的平台型治理共同体，应当能够在构建治理路径、生成制度规则、输出治理反馈中发挥其组织性功能。其行为轨迹能够融入平台流程系统，其制度成果能够反馈至治理结构，其机制能力能够转化为组织规则与制度标准。

治理共同体的组织存在性，体现在其是否能成为治理生态中的制度节点，其结构合法性源于平台系统对其治理功能的认可以及机制接口的开放。

二、教师治理共同体的机制耦合路径与结构整合逻辑

在制度平台化的大背景下，任何组织单元的持续运作都必须实现机制性的嵌入。若治理共同体无法构建与平台结构、治理任务及制度反馈机制的有机联系，它将仅限于临时性的协作实体或制度的表层结构，无法获得平台治理的结构认可与资源支持。作为融合治理体系中的核心执行体与机制转化体，教师治理共同体的存续基础依赖三重制度耦合能力的建立：首先是组织结构与治理体系的制度性结合，其次是制度接口与流程节点的功能性融合，最后是组织行为与平台机制的价值性转化。

（一）沟通机制结构性的第一层，共同体嵌入治理平台的制度适配机制

教师治理共同体之所以区别于教研室、学科组或教学团队，是因为其制度运行的逻辑深植于平台治理结构之中，而非科层体系之内。治理共同体必须实现与平台结构的深度契合，即在治理任务图谱中明确自身职能区块，在结构流程图中占据任务节点，在制度编码体系中具备治理角色识别值。

制度适配不仅涉及制度名称的对应，更涉及结构位置、接口职责、任务联动与行为反馈的深度结合。部分治理平台构建了制度映射矩阵系统，将治理共同体在不同流程模块中的责任边界、数据接入口、绩效指标维度及制度输出路径以结构化方式固化，以实现共同体的制度嵌合。

（二）功能融合机制的第二层，协同接口与治理节点的路径协整策略

治理平台着重于模块化运作和接口化协作。若教师治理共同体不能融入平台的标准机制、过程反馈体系以及资源调度链路，将难以确立其在制度中的稳定地位，并且在治理过程中难以获得合法的身份。

协整策略的关键在于构建跨平台的接口链，即将教师治理共同体的治理行为拆解为可识别的任务节点，例如课程标准的开发、项目的评价协同、岗位能力的迁移、成果的联动机制等，为每一行为赋予治理数据编码，并在平台行为系统中建立过程记录、质量监测以及反馈回流路径。

为了实现接口的高效协整，一些区域性教育治理平台设立了教师治理角色的动态权限机制。根据共同体在治理链条中的行为履历、结构表现以及机制参与强度，动态调整其在平台中的资源调配权、治理建议权以及规则共建权，从而实现从参与权向治理权的结构性跃升。

（三）行为转化机制的第三层，组织治理行为的制度性反馈与价值归因模型

教师治理共同体的行为价值需进入平台制度结构中被识别、计算与转化，以形成持续性激励链条与组织生命延续逻辑。治理行为制度性反馈的关键是建立组织行为归因模型，将治理行为从行为轨迹、协作过程与输出质量进行制度转译。模型运行机制有：治理行为归档模块，对治理行为进行过程采集、结果描述与数据化存证；价值转化接口，将治理成果转化为制度成果进入平台规则库；组织积分机制，为治理行为设定制度性积分标准，并与组织发展、资源配置、治理权重联动。这些机制不以行政逻辑评价组织行为，而是以治理系统结构逻辑识别共同体在平台运行中的真实价值位置，推动教师组织从管理视角的被动结构转变为制度视角的能动治理单元。

三、教师治理共同体的制度跃迁与平台治理体系的结构中枢构建

教师治理共同体的制度构建是治理结构自身再生产能力的系统性试验场,承载制度生成逻辑等的组织化表达。其制度地位的确立使教育治理组织进入多维治理时代。

治理共同体的制度价值体现在两个结构层面:一是在教育治理系统中作制度接口执行节点,链接任务与教师行为;二是在制度演进系统中为机制反馈与规则共建的制度中枢。

从平台运行逻辑来看,治理共同体构建的深层目标是推动组织转型,实现三种系统跃迁:一是组织逻辑,由功能性单元转为制度性协同单元;二是权力逻辑,治理权重由参与度等决定;三是治理逻辑,依托逻辑协同机制自驱调度。

共同体制度价值最终体现为在治理平台获得四维联动嵌合路径,形成成平台机制结构单元与组织中枢,是制度平台自组织构建的逻辑要求。

未来,融合治理结构的组织生长逻辑将加深平台制度性等,教师治理共同体将完成功能转型:从任务响应者到制度路径生成者;从行政附属体到组织主动力;从教学联合体到治理机制设计体。

第五章 产教融合平台中的校企共建机制与组织生态构型

产教融合平台是任务实施的组织容器和制度生成的结构母体。传统校企合作模式中，制度关系多为契约性联合或资源对接，缺乏深层耦合与系统融合。平台化逻辑下，合作关系被重新定义为治理系统，运行依托组织间的制度接口、治理路径与资源回流机制，实现共建机制的制度化重构与生态化生长。

在治理结构转向中，校方承担平台机制设定者与结构运行维护者职责，企业成为协同治理单元与制度协作模块，平台运营机构变为制度耦合器与结构中枢节点。形成的多边协作体是以治理机制为核心的“制度复合体”与“结构生态体”，通过共建机制内生演化实现平台运行的组织持久性与制度生成力。

当前，校企共建机制制度张力加剧，出现权责模糊等典型结构问题，合作边界动态演化，合作关系向结构内生型平台转型。这一过程考验制度平台适配、组织系统联动与规则体系再生能力。

要实现校企共建，需重构治理平台结构逻辑、共建机制运行路径与组织生态生成方式，让平台成为制度运行结构中介、机制统筹治理枢纽、生态协作稳定场域。如此，产教融合平台才能迈入制度自驱的治理系统阶段，实现教育与产业系统的结构对称、价值共塑与机制协同。

第一节 平台化治理结构的制度张力与合作边界的动态演进

校企合作的结构本质并非行政协调的产物，亦非资源交换的结果，而是制度逻辑嵌套与组织边界张力驱动下的治理重组过程。随着产教融合机制从合作协议逻辑向平台治理逻辑的跃迁,合作平台已超越了资源调度的中介角色,转变为任务生成、机制复制与制度孵化的战略中枢。平台结构的形成,突破了校企原有的组织边界配置,开启了一种多权共治、结构互嵌与接口协同的治理范式。在此过程中,平台本身的制度张力不断放大,权责关系、资源流动、任务归属等治理要素之间的结构摩擦,成为机制演化的常态张力场。

一、平台结构的生成逻辑与多边治理制度张力的内生机制

产教融合平台并非单一组织形式的创新,而是一种对现有组织边界、制度结构及治理逻辑的深刻影响与重构过程。其产生的根本原因,在于传统教育治理体系与产业运行机制之间存在的结构性断裂与制度不匹配,而其构成逻辑则体现在多主体权责体系在制度共构机制中的重新组合。在平台化治理模式下,单边资源供给关系与线性指令链条已无法应对治理任务的复杂性,取而代之的是多边主体围绕任务系统与规则结构进行的协商博弈。平台的平台性不在于技术媒介,而在于其能否融合多元制度要素进行结构对接、权力协同与机制内嵌。

制度张力是平台治理结构的固有属性,而非运行偏差的偶然结果。这种张力并非单纯的冲突性摩擦,而是多种制度逻辑相遇、碰撞并试图协同的结构性现象。在实际操作中,院校组织结构通常由科层级别与行政逻辑主导,强调计划控制、资源垂直分配与规章化执行;企业结构则植根于绩效目标驱动、流程灵活调度与价值效率逻辑。一旦平台被设定为校企合作的制度中介,它必然处于两套治理逻辑之间的张力交汇带,成为结构矛盾的集聚场与制度协同的试验场。

制度张力主要体现在以下三个结构层面:

第一,任务归属的不确定性。平台治理逻辑强调以任务为单位构建制度单元,要求治理结构围绕产教任务配置资源与机制。但在现行体制中,任务归属权往往依附于行政授权或项目合同,使得平台治理难以在任务源头

建立制度主权，从而导致执行体系中责任归属不明确、流程启动迟缓、跨组织协作难以制度化。

第二，规则主导权的结构分裂。高职院校平台部门习惯于从管理逻辑出发制定治理规则，以教学标准、评估体系、课程结构等为制度载体，而企业侧则以项目节点、生产流程与效能输出为目标主导治理诉求。这种结构性分裂使得平台规则体系呈现“目标异构—接口断裂—语言不通”的典型特征，治理过程中不断触发标准转换与逻辑摩擦。

第三，资源调度机制的结构嵌合困难。高职院校资源配置常依照预算审批路径与年度计划节点进行，而企业资源流动则具有高度灵活性与实时调度特性。平台治理要求资源跨组织、跨周期精准匹配，然而由于制度接口未能形成联动逻辑，资源流通出现管理重叠、重复供给与调度盲区等现象，严重制约平台运行效率与治理成效。

这些张力不仅构成了平台运行的基础矛盾体系，也构成了制度演化的内在驱动力。在多边治理的互动结构中，制度摩擦并非破坏性变量，而是推动结构重组、机制再设与规则生成的前置条件。关键在于，平台是否具备一种制度吸纳能力，能将多源制度逻辑内嵌为系统机制；是否具备一种张力转化机制，能将治理摩擦转化为组织协同；是否具备一种机制演化路径，能将规则博弈转化为制度更新。

唯有当平台结构不再逃避制度张力，而是主动组织治理结构进行协同设计，建立跨逻辑对话机制、跨权力域接口模型与跨组织边界调度机制，治理平台方可真正转化为制度生成中心、结构承压中枢与合作生态基础。

二、组织边界重构过程中的制度缠绕与合作分权的结构困境

平台治理的复杂性源于组织边界不再仅由传统归属逻辑所限定，而是由任务关系、权力接口与制度机制共同塑造。在融合平台中，高职院校与企业系统共同构成治理单元，但未必在制度上拥有平等的角色生成路径与权

责配置结构。这种制度交织不仅体现在角色重叠、任务交叉与流程交织上，更体现在深层治理逻辑的错位与结构功能的失衡上。

在校企合作平台中，边界交织最直接的体现是组织功能的制度模糊化。高职院校平台管理部门在处理事务时，虽然在制度上拥有主导权与话语权，却缺乏相应的任务执行能力与实践嵌入路径；企业虽具备资源调度能力与项目实施优势，却往往未能参与平台制度架构的规则制定与结构决策过程。双方的角色既互补又不对称，导致平台运行陷入“结构认知错位—资源调配障碍—制度功能张力激化”的循环困境。

这一困境具体表现为三类典型的结构冲突：

首先，边界职责不明确导致治理节点碎片化。校企共建机制在初期通常依赖组织分工清单与职责协议文本进行角色划分，但由于平台治理任务本质上具有高频变动、协同嵌套与过程生成等动态特性，传统分工体系难以适应实际治理节奏，最终导致治理节点不断碎片化：流程责任难以闭环、问题归属模糊、任务执行缺乏系统承接单元。

其次，权责接口未嵌入导致平台机制失效。在平台制度构建过程中，权责往往呈现出“上位集中—下位分散”的格局，即制度设计掌握在少数平台管理者手中，任务执行与资源承压则落在校企一线执行单元。由于制度接口缺乏垂直闭合通道，权力在治理链条中形成“脱节漂移”，导致政策难以落实、反馈无法上传、机制无法调整。

再次，组织规则缺失引发行为惯性。在缺乏系统制度保障的情况下，教师群体、企业人员与平台工作人员往往依赖原有系统的惯性行事。教师仍依据教学部门逻辑回应任务调度，企业仍依据商业项目逻辑参与合作，平台运行只能在两种制度惯性之间徘徊，难以形成稳定的治理常规与协同规范。

组织边界的制度交织问题，不仅揭示了现行平台治理逻辑中对权力配置、制度接口与行为责任链的结构性忽视，也进一步凸显了在校企合作缺乏制度重构支持的条件下，仍停留在结构联通性弱、任务交互浅、机制反馈断的制度低耦合状态。治理平台若要真正转化为制度生态系统,必须突破传统分权逻辑的封闭性束缚,进入一种以治理能力匹配、结构适应机制与权责协同算法为导向的制度再构路径。

这意味着边界不应仅仅是划线行为,而应转化为结构建模行为。即依据任务结构、接口能力与治理绩效等维度,动态生成边界结构、调节权责机制与嵌套制度单元,形成一种具备自调节功能的组织治理框架。在此逻辑下,平台边界从最初的组织识别机制演化为制度功能模型,成为治理平台制度自组织能力能否生成的关键支点。

三、合作边界的协商机制与制度演化的生成路径

平台化治理模式倡导合作的界限不应受限于外部协议,而应通过内嵌机制的动态构建来实现。在此制度逻辑指引下,合作关系从静态的角色分配转变为动态的职能协商,界限的划分不再依据机构属性和行政层级,而是基于制度功能的适应性和结构位置的协同潜力。校企双方的互动本质上是一种跨组织权力逻辑与制度语言的持续转换机制,通过制度路径的协商,实现边界自我组织更新的结构演变。

合作界限的制度协商过程通常包含三个阶段性的路径:

(一)规则对接阶段,以机制明示实现初步边界描绘

在平台启动初期,校企合作主要依据政策指导和任务清单作为临时的合作依据,制度规则主要以框架性文件和项目性方案的形式存在。在这一阶段,治理结构尚未实现组织化的整合,合作更多依赖行政指令或项目合同的推动,合作边界处于功能先行、规则滞后的制度空白期。

制度对接的核心任务在于实现制度语言的初步互译。高职院校需要将教学规范、课程目标、评价逻辑等教育体系内的术语转化为企业能够理解的生产要求、岗位能力和绩效标准;企业则需将其项目规范、资源调度规则和

技术流程整合为可融入教学流程和治理机制的制度元素。只有在语言上实现了制度的可读性,边界协商才具备了初步的制度框架基础。

(二)权责互嵌阶段,以结构嵌合推动边界协同转化

在平台运作稳定之后,权力与责任配置机制成为界定边界的协商核心议题。在实际操作中,教师团队通常负责教学组织工作,但他们在平台治理中却缺少相应的权重和资源调配权限;企业团队虽然深度参与标准的制定和课程的评价,但在治理机制中却缺少表达意见的途径。制度的张力在此阶段得到集中释放,促使平台治理机制从功能匹配转向权力与责任的协商。

实现边界协同的途径之一,是建立一个权力与责任相互嵌入的机制。具体而言,通过机制设计,将资源决策权、任务配置权和制度修订权分别嵌入高职院校平台管理部门、企业协同主体以及双边协作机制中。例如,可以设立联合治理理事会和平台协同事务专责小组,由双方代表共同参与机制的研判、任务调度和制度优化,从而实现治理边界从外在规制向内生制度的结构性转变。

(三)价值共识阶段,以制度共创构建边界稳定性

边界协商的终极目标在于促成治理平台达到一种机制自主运行、任务协同匹配以及规则持续生成的综合体系。在平台运作的深入阶段,制度治理将不再依赖初始的契约和任务清单,而是依赖各方在结构互动过程中累积的协同惯例、机制信任以及价值认同。此时,边界已不再是可见的协议条款,而是制度运行过程中形成的结构共识带。

为达成此阶段,必须构建制度共创机制,通过制度沙盘推演、接口模拟协同、任务重组试验等手段,促进高职院校与企业在平台内部的协同演化。其核心在于平台机制能够将结构摩擦、治理博弈以及协同生成转化为制度稳定性,并通过治理数据系统、结构指标体系以及绩效反馈逻辑实现制度共识的结构沉淀。

四、平台边界治理的动态能力构建与制度韧性生成机制

平台的治理效能并非取决于边界的明确性,而是取决于边界的可调节性。在传统组织治理结构中,边界被视为静态的划分、行政归属与职责界限。然而,在多边治理平台中,边界本质上是一种制度化的动态调节机制,它并非外部设限,而是系统演化中不断自我重塑、自我调节的治理变量。平台的制度韧性,正是体现在其是否具备生成、承压、转化与沉淀治理边界的能力。

制度韧性的首要体现,在于平台是否能在不同阶段的组织张力中构建结构弹性带。边界并非越清晰越有效,而是越具弹性越具适配力。在平台建设早期,角色定位、任务接口与机制规则高度不确定,若过早固化边界反而削弱协同效率。因此,平台需通过设定模糊协同区与制度缓冲带,允许制度接口在协作中逐步确立角色,在摩擦中协同生成机制,使边界成为治理探索空间而非规则割裂壁垒。

制度韧性的第二体现,在于平台是否能构建边界反馈回路,实现边界结构的组织化学习。在实践中,边界失衡往往以平台运行障碍、资源重复调配、任务执行中断等形式表现。平台若无法从这些结构性症候中提取机制教训与制度模式,边界治理只能反复陷入同构性错位。高韧性平台需建立边界事件归因机制,对每一次边界调整行为进行结构记录、路径分析与制度编码,使平台在演化中不断增强其边界学习能力。

制度韧性的第三体现,在于平台是否能将边界治理转化为制度再生产机制。在多边治理体系中,合作结构会不断引发新的制度议题、任务逻辑与资源分配规则。平台若始终依赖原有边界设定与初始制度框架,将无法支撑其长期制度生长。因此,边界治理的最终目标,是将边界结构作为制度再生接口,使其不仅承担调节功能,更具备生成功能——通过边界协商生成治理范式,通过权责再构生成组织接口,通过制度演化生成平台规则。

从结构治理的角度来看,边界治理并非治理体系的外围问题,而是决定

平台治理是否能够转化为制度系统的核心机制。平台能否完成从资源中介到机制平台的跃迁,关键就在于其边界治理是否从功能划线转化为组织机制;是否能将结构冲突转化为制度协商;是否能将任务接口转化为规则接口;是否能将治理节点转化为制度单元。

只有当平台边界治理具备足够的结构弹性、反馈机制与制度生成力,教育系统与产业系统之间才可能在统一的制度结构中实现协同生长。平台不仅能够调和校企之间的治理摩擦,更能借由边界的动态治理实践,生成具有适应性、协调性与演化性的制度生态,实现治理结构的有机重构与共建机制的组织嵌核。

第二节 校企共建机制的组织分工逻辑与结构耦合路径

校企共建平台作为任务驱动型治理系统,其组织架构合法性在动态治理实践中,通过结构分工与机制耦合形成的制度功能链条确立。平台治理能摆脱传统项目化合作模式弊端,根源在于具备组织结构可嵌套性与职能分工制度生成力。治理体系运行需多元主体并置、任务逻辑驱动、职能配置对接与流程机制转译。

传统校企合作机制下,组织功能按体制内外分割、权责划界僵化展开,企业缺乏制度话语权,高职院校行政主导形成权力集中、职责碎裂格局,该结构无法适配复杂协同任务,也不能实现治理机制内生演化,致使合作机制难以深入。

平台化治理逻辑要求组织体系从合作参与型向共建治理型跃迁,在多维度系统重塑。校方组织从资源调度者变为机制运维者,企业组织从任务执行者成长为平台治理共同体,二者围绕平台任务重组职能,构建治理共同体模式,推动平台实现结构嵌合与制度协同。

一、任务驱动下的组织职能重构逻辑与平台协同基础单元构建路径

平台化治理的起点并非行政授权的重新分配，而是组织任务系统的重构。治理结构之所以必须转向平台逻辑，根本原因在于任务性质由稳定常规向动态协同的转变、治理边界由封闭垂直向开放交错的转化、组织角色由科层命令型向结构嵌合型的演进。在此趋势的推动下，校企共建平台中的组织体系不能再依赖条块分割的职责配置模式，而应根据任务单元进行制度重组，实现组织间的逻辑连接与机制通约。

任务系统的重构首先意味着组织边界的重新定义。在传统合作机制中，高职院校、企业与中介组织被赋予相对固定的结构位置：高职院校作为主导方负责教学组织、过程控制与质量评估；企业作为协作方提供资源输入与应用环境；中介平台作为调和机制协调资源流动与合作接口。然而，在平台治理场域中，任务单元常常呈现非线性、跨流程、分阶段的结构特征，使得原有“单位—岗位—任务”线性映射关系失效，组织功能需以治理功能块为单位进行重新编码。

这一结构变化带来三项根本性制度重构要求。首先，任务单元导向的组织角色再造机制。高职院校与企业不能以组织整体作为任务执行单位，而需将治理任务切割为平台标准制定、资源配置接口、课程模块开发、岗位能力评估等若干治理功能单元，由校企双方共同组建职能映射体，实现任务结构的组织嵌合。这种结构重塑要求平台机制对组织能力进行数据建模与标签化处理，基于职能属性而非组织归属完成任务分配逻辑的重新组织。其次，协同执行链中的职能穿透与多点协作机制。在传统合作架构中，组织任务的执行往往以部门归属为依据，形成条状责任划分，易造成流程阻断与反馈断裂。平台治理机制下，任务链条需跨组织流转、横向联动，要求建立多点任务穿透机制，将一个治理任务在平台内转化为多个结构节点，配置在跨单位的协同责任接口上。例如，企业参与课程开发不应局限于提供案例，

而应承担从岗位能力结构建模、典型工作任务提取到资源组件共创的全过程角色，并嵌入高职院校教研组织的结构接口，形成跨单位流程逻辑嵌套。最后，制度语言一致性基础上的行为规则重构。组织职能协同的本质在于制度接口的可识别性，校企合作长期存在的协作障碍，很大程度上源于各自制度语言的不兼容。高职院校基于课程体系与学术评估构建规则，企业则基于岗位体系与绩效结果形成治理逻辑，二者规则结构不通，难以实现流程对接与标准共用。平台要实现职能协同，必须构建制度语言转译机制，将高职院校的课程单元语言与企业的岗位标准语言进行格式转换与接口归一，形成共同可调用、可评估、可反馈的协作结构语言系统。

在任务驱动逻辑下，组织职能不再是被授权的条目，而是被结构化的制度行为。平台治理结构的本质，是将这些制度行为以任务序列的方式进行流程组织、接口编排与规则标准化，构建出“平台逻辑—任务结构—组织配置—机制反馈”之间的嵌套闭环。在这一逻辑体系中，校企组织的角色转化与职能重构，成为治理平台制度演化的核心驱动力。

二、组织结构耦合的路径机制与制度化接口设计逻辑

平台治理的根本命题不在于组织并置，而在于结构耦合。在多边共建体系中，组织结构之间若缺乏接口制度化，将无法实现功能嵌合、资源统筹与任务协同，治理平台便只能沦为组织表层叠加的资源聚合体。实现结构耦合，关键在于制度设计是否提供了标准化接口逻辑、功能边界是否可数据化表达、协同任务是否形成制度通道与反馈闭环。

组织结构耦合并非自然发生，而是制度构建的结果。尤其在校企共建平台中，组织之间存在治理文化差异、制度路径惯性与资源配置逻辑的多元性，平台机制必须以结构协同为目标，建立起多主体之间具备规则通用性、任务映射性与角色灵活性的耦合机制。这一机制的基本逻辑在于，治理任务应被抽象为结构功能点，组织接口应被标准化为制度结构节点，通过接口

协议实现组织模块的结构适配与协同。

首先，构建任务逻辑驱动的接口模型。在传统组织架构中，任务执行与组织边界高度重合，接口多为行政调度式连接；而在平台结构中，组织边界必须为任务结构让位。平台应以任务序列为分析单元，拆解治理流程的关键环节，识别每一阶段的结构接口需求，并据此设置标准化组织接口。例如，在岗位能力模块开发任务中，平台需设立工作任务转译接口、能力单元聚合接口、课程资源匹配接口等结构点位，并将接口行为分配至校企双方的相应组织角色中。

其次，需要制度层面的接口类型分类与规则绑定。平台可依据任务性质与组织能力，构建接口类型图谱，如数据接口、制度接口、资源接口、行为接口、反馈接口等。每类接口不仅须具备功能定义，还应设有行为准则、标准模板与责任机制，实现接口设计的结构约束与制度统一。例如，资源接口应明确资源使用权、调配路径与反馈责任；制度接口应规范参与规则、议事机制与结果存档逻辑；行为接口应规定任务频次、协作方式与成果归属。

最后，形成接口反馈与结构修复机制。平台运行过程中的接口耦合，并非一蹴而就，而是伴随任务演化与制度调适不断调整。因此，需建立结构失效检测机制，对任务断点、流程堵点、协作盲点进行周期性诊断，并以接口结构为单元推送反馈与修复建议。例如，在课程共建任务中，如发现企业方任务响应延迟，可定位接口行为轨迹，判断是否存在接口职责不明、制度路径断裂或资源支持不到位，并生成结构优化方案供平台治理单元修订。

制度化接口的设计，不只是组织之间的功能连接，更是结构演化的制度表达。平台若缺乏接口标准的制度嵌套能力，结构就难以稳定，治理也无法高效。唯有通过结构耦合机制建立组织间的制度通约体系，才能使平台成为一个具备任务生成、机制适配与结构自我调节能力的治理结构体，而非行政组织之间的资源拼接带。

组织耦合能力的强弱，将决定平台制度运行的弹性区间与机制进化的复杂度等级。高适配性的结构接口,是平台具备治理韧性、实现任务协同与规则再生的核心组织基础。

三、职能协同的制度反馈机制与组织边界的结构柔性设计

协同并非组织自然行为的直接产物,而是源于结构设计与制度反馈之间的制度性协作。在校企共建的机制中,职能间的协同并非通过角色的被动补充实现,而是在平台制度逻辑的框架下,通过任务流程、反馈链和结构接口的动态互动,形成一种组织性的耦合关系。这种耦合关系的稳定性,取决于是否具备可识别的反馈、可追溯的行为和可机制化的调整能力。缺乏制度反馈机制的职能协同,仅能实现一次性临时调配,而无法形成可复制、可积累、可演化的组织惯例。

制度反馈的第一层次在于平台对组织行为的结构可记录性设计。平台治理的本质,在于治理行为的结构化与流程化,而非基于经验的偶然性治理。因此,平台必须构建行为反馈系统,确立标准化的行为记录模板,对组织在各任务节点中的响应时效、协作程度、输出质量和制度契合度进行流程编码和数据存储,以实现组织行为的结构化记录。这一机制要求平台治理体系引入结构性绩效认定机制,将传统以结果为导向的绩效考核模式,扩展为以治理行为为单位、以机制执行为路径、以制度生成为价值表达的综合绩效反馈系统。例如,在平台课程开发任务中,企业是否全程参与课程开发周期,其治理建议是否形成可复用机制,其资源投入是否与教学目标完成度形成结构匹配,均可成为平台系统反馈的重要维度。

制度反馈的第二层次在于结构柔性构建机制中的组织边界动态调节逻辑。平台治理要求组织边界不再以编制、部门、法定职责为划分基础,而是以任务适应力、制度接口响应性和机制协同性为重新定义标准。这意味着组织边界不再是排他性的制度屏障,而是开放性的结构接口。为实现边界柔性与结构韧性,平台需引入边界流动机制与协同频率分析机制,前者用于

监测组织在不同任务接口中的协作行为频度与角色灵活度，从而识别高频协作结构节点，建立动态边界调整机制；后者用于通过治理数据识别任务流中断点与责任空白区，从而判断是否需要边界扩展、角色移位或机制改写。

制度反馈的第三层次在于组织职能演化的机制生成路径设计。协同机制的目标并非仅限于完成当前任务，而是形成组织系统内部的机制复制力与结构进化能力。平台作为制度结构的治理容器，应具备机制生长机制，即将高效协同行为转化为组织治理模板，将协同接口转化为规则模块，最终沉淀为制度文本、机制范式与平台治理语言。这一机制设计要求平台系统对协同行为进行周期性评估与结构筛选，并基于行为绩效与机制生成力进行组织结构更新。例如，企业方在课程治理中表现出制度嵌合力与流程适配度，通过制度反馈机制即可被赋予更高权限的制度接口位置，实现从外部协作者向机制参与者的结构跃迁。高职院校亦可通过教师行为数据与治理生成绩效，将教研组织转化为平台治理节点，重塑其制度内涵与平台角色。

在这一逻辑中，制度反馈不再是治理结果的附加环节，而是平台结构自我运行、组织边界自我调节与治理逻辑自我再生的核心机制。结构柔性不是无序的开放，而是可控的耦合，是平台制度结构为应对任务变异与组织张力所设定的结构弹性机制。唯有构建出这一反馈机制与边界逻辑，平台方可实现真正意义上的制度协同与结构共建。

四、从治理分工到治理共担的结构跃迁机制与制度供给逻辑

治理分工的制度前提，要求明确界定组织的边界；而治理共担的结构基础，则依赖机制接口的深度嵌合。平台化治理的结构演进，促使组织间从功能归属逻辑转向任务协同逻辑，进而发展至机制生成逻辑。这一过程不仅展现了组织结构从单边任务向多维协作治理的转变，也预示着制度角色从被动响应向机制共创的路径重塑。

传统治理体系以行政分工、编制归属和职责列表作为权责划分的基础，

各类组织在体制逻辑中运行，边界清晰、职能封闭。其治理模式强调控制、执行与问责，协作主要依赖纵向命令链与横向协调会议，制度供给由上而下单向生成。在这一结构之下，企业组织通常被视为外部协作资源，高职院校也常被限于课程管理与任务落实，治理行为的制度转译能力长期受到抑制。

平台治理结构的逻辑发生了根本性的转变。其核心不在于分工更细，而在于权责结构更具流动性与协同性。组织的职能不再是岗位集合的堆叠，而是机制接口的组合，任务不再是“被下达”的项目指令，而是共同设定的流程型治理单元。在这一治理格局中，传统意义上的分工体系被制度协同机制所取代，多组织协同体内的权力边界、角色任务与反馈路径需在制度层面实现接口重组与协同建模。

制度共担的第一要求是治理权的结构嵌合。组织之间能否实现从职能执行向制度生成的角色跃迁，关键在于其能否在平台制度结构中获得生成性接口位置，而不仅是执行性协作位置。这一过程要求平台赋予教师组织、企业团队与管理单元以机制设计权、标准共创权与规则反馈权，使其不再只是平台机制的适应者，而成为机制结构的共同塑造者。

制度共担的第二要求是规则供给的组织内生能力。平台治理结构的深度化演化依赖规则体系的自更新能力，而自更新能力的核心，在于平台是否拥有多元制度供给主体。制度共担并非各方参与，而是各组织能否依据自身角色逻辑与制度能力生成具备标准化、流程化、结构嵌套可能性的治理规则，并将其嵌入平台流程中，实现“协作逻辑—规则表达—结构调用”三位一体的制度生成路径。

制度共担的第三要求是治理责任的协同再配置。组织结构一旦进入机制协同逻辑，其治理责任将无法以传统线性方式分派。平台需构建责任共建模型，将一项治理任务分为若干治理行为节点，由不同组织单位在流程中承担相应机制职能，并以治理数据系统实时记录行为路径、绩效结果与结构接口调用频率，建立“动态可追责—流程可回溯—结果可转译”的多元责任体系。

在上述制度设计逻辑的支撑下，平台治理系统可实现从组织并置型协作向结构共生型治理的跃迁。分工不再意味着边界固化，而成为结构嵌合的一种组织起点；治理不再依赖权威配置，而是在机制互动中生成制度结构；平台不再是制度运行的容器，而是制度生成的结构源头。治理共担的制度逻辑，是组织生态系统实现内生演化、自我组织与治理再生的前提机制。

五、组织协同结构的制度演进趋势与平台生态的治理再嵌合路径

组织间的结构协同本质上属于制度行为，而制度机制的嵌套协作，则构成了平台治理系统演化的本质。在产教融合平台治理不断深化的背景下，治理结构的核心特征已从初始的要素调度逻辑转变为结构重组逻辑，进而向机制共创逻辑发展。校企双方不再仅以合作单位的身份参与平台，而是作为结构功能体、治理接口单元以及制度生成者，共同参与系统构建与演化实践。这一演进路径表明，平台治理不再依赖组织资源的线性集成，而是基于制度行为的深度联动。

平台协同结构的制度演进，在三个维度上显现出显著的结构跃迁迹象：

首先是组织边界的功能重塑与任务逻辑主导机制的确立。在平台体系内部，组织边界不再以机构属性为界定，而是依据制度接口能力、任务响应强度与治理参与频度进行识别与配置。高职院校可以在岗位标准制定、课程结构设计等治理场景中获得制度入口，企业组织则在能力模型构建、项目机制协同中获得行为权重。这种边界重构方式打破了原有的“部门—权限—任务”的线性路径，转化为“功能—接口—规则”的平台耦合模型，完成了组织角色的结构转译。

其次是治理行为的规则沉淀与机制供给能力的结构转化。组织行为在平台治理结构中逐步完成了由任务完成向机制输入的制度跃迁。教师参与项目已不再仅被视为教学延伸行为，而是治理机制试验行为，其经验可被结构化、模板化，沉淀为制度元数据；企业的协作参与也不再被视作资源外援，

而是平台流程机制的共建主体,其参与行为在平台机制中留下制度接口痕迹,构成组织治理系统的规则源头。这一结构转化的发生,预示着平台治理已具备内嵌式机制再生能力,并逐步形成治理共生型组织生态。

最后是从并置结构向制度耦合结构的治理跃迁。组织生态的复杂性并不在于数量的增多,而在于关系的结构性增强。平台治理的持续演化已不再满足于组织协同的横向聚合,而是对组织之间制度关系、机制接口与权责通道进行纵深构建。多元组织通过制度接口互为支持节点,在机制链条中构成协同闭环,在治理任务中形成结构共识。这种从物理并置到制度耦合的跃迁,标志着平台结构已从制度实施体转向制度生成体,实现了从治理反应型系统向结构主导型系统的全面演进。

组织间真正意义上的治理协同,并非一种协调状态的实现,而是一种结构关系的重构。之所以被定义为治理体系的制度平台,正是因为其能够容纳多元制度要素之间的深度嵌合,并通过任务生成、接口耦合与机制协同完成治理行为的制度性转化。其本质是一种以制度反馈为内核、以结构逻辑为路径、以机制更新为目标的组织系统进化逻辑。

在平台治理结构持续优化、边界协同机制日趋成熟的趋势下,组织协同将不再依赖行政调度与人际协调,而将依托于结构能力的识别系统、机制行为的生成逻辑与规则调用的接口机制,逐步形成一种以组织生态为结构底座、以机制供给为运转核心、以制度记忆为治理保障的可持续制度生态结构。这种生态结构将是平台治理走向长期稳定、高效适配与自主演化的根本制度支点。

第三节 多元组织单元的制度生态整合与合作惯例的场域沉淀

平台化治理结构不以单一组织逻辑为主导,而是在多主体、多结构、多机制共构基础上建立治理系统内生生态。该生态由制度规则可共享性、接口机制可嵌套性和协同行为可持续性塑造，组织单元间的耦合依靠治理惯例制度沉淀与协作模式结构嵌合形成制度生态体系。

多元组织结构在平台体系中突破原有边界，以“协同场域—机制接口”的结构逻辑嵌合运行。企业导师参与多个制度节点，教师团队深度参与治理相关工作，平台运维机构作为制度链接枢纽组织制度约法。

在演进中，平台机制形成具有内嵌治理路径等的协同生态系统，核心是如何嵌入及行为结构内聚。制度生态实质是多元组织围绕任务等生成的结构惯性与制度记忆。

制度生态整合是平台运行中“行为—结构—机制”反复嵌合的过程，合作惯例沉淀是组织间多轮协作等的结果。平台需构建以结构弹性等为要素的组织生态系统，才能实现协同与制度秩序的稳定和持续生产。

一、多类型组织单元在平台中的制度功能重构与协同边界建模

在平台型治理体系中，组织单元的存在不再基于法定身份或行政归属，而是以治理功能的制度接口能力作为核心识别机制。传统组织分类方式，如部门、岗位、法人主体，逐渐被任务承担单元、机制协同模块与治理行为节点等结构单位所取代。这种转变表明，平台并非组织的简单集合，而是一个制度功能耦合体，其运作逻辑不在于组织数量的聚合，而在于治理功能的有机编排与规则体系的动态协同。

教师团队作为制度内部最稳定的教学单元，其组织逻辑原本以课程体系、教学计划与评估标准为主线。但在平台治理框架中，这一逻辑发生了显著的转变。平台要求教师团队不仅承担教学活动的直接实施，更应转化为平台任务的结构节点，参与课程标准共建、教学流程再设计、治理指标设定与机制反馈体系构建。教师行为的制度转译能力成为衡量其平台嵌入度的关键指标，唯有具备治理路径表达力与结构嵌套能力，教师团队方能从教学单元向治理单元完成制度跃迁。

企业导师与企业技术团队在传统校企合作中大多处于辅助性与附加性位置，其参与逻辑以资源支持或实训指导为主要内容，缺乏制度接口与治理机制的深度绑定。而在平台治理结构中，企业组织被要求进入制度功能结构图谱，以岗位标准制定者、资源场景提供者、课程内容协同者、成果评价主体等多重身份融入平台机制。企业组织的角色被重新编码，不再以行政边界为依据，而以制度行为能力与治理流程参与度进行建模与识别。

平台运营机构在平台治理体系中承载起制度接线器与结构调节阀的双重角色。一方面，它负责将多元组织之间的协同行为嵌入平台任务链条，构建起“任务—机制—行为”之间的动态连接；另一方面，它承担制度接口的通约功能，通过接口标准制定、治理流程固化与反馈机制闭环，实现平台运行的结构统一性与机制自适应性。运营机构因此不再是简单的行政中介或事务代理，而是制度意义上的功能整合型组织单元，其制度地位与协同能力构成平台治理韧性的核心要素之一。

为了完成不同类型组织单元的协同接入，平台治理系统必须构建一套协同边界建模机制，即以治理任务为锚点，对参与组织进行职能解构与结构重组，明确每一组织在任务链条中的结构位置、治理角色与反馈路径。

一是结构映射清单，即将平台内各项任务结构化拆解为具体的治理单元，并与组织能力标签进行精准匹配，生成组织功能与任务节点之间的映射矩阵；二是接口规则模型，即对平台中不同组织之间的协同逻辑进行标准化处理，设定接口行为规则、协作频次规范与治理数据流通格式，实现治理任务的可互操作性；三是动态边界管理机制，即根据平台运行状态与组织行为数据，定期对组织边界进行结构校准、接口重塑与功能再定位，确保平台结构具备动态耦合与制度调节能力。

通过以上机制的构建，不同类型的组织单元得以在平台结构中形成可识别的制度角色、可调用的功能接口与可反馈的治理行为序列，平台由此转化为一个具备多元角色生成能力、任务结构嵌套能力与机制自组织能力的治理生态系统。

二、组织惯例的形成机制与制度生态中的协作行为沉淀

平台治理的终极目标是构建一个具备自我约束和自我生成机制的制度生态系统,而非仅仅依赖行政干预或权力指令来维持表面的协同。为了实现这一目标,组织间的协作必须超越一次性、特定场景和任务导向的局限,发展成为具有制度扩展性、结构承载力和治理重现性的协作习惯。组织惯例不仅是行为模式的固化路径,更是平台制度对组织行为的结构性吸收和机制化封装。

组织惯例的形成并不取决于行为的频率,而是取决于行为逻辑是否具有可结构化的特性。在平台治理中,如果协同行为不能转化为标准化的流程图谱、接口模型或规则编码,那么就无法形成制度生态系统所需的协作记忆。协作记忆的本质是平台结构对组织互动行为的记录、分类和调用能力,是制度机制对治理行为路径的追溯性理解和结构化再生。

组织惯例的形成机制可以从三个维度来理解:第一,结构编码机制。平台需要构建组织行为的结构表征系统,将治理过程中的每一种协作行为以"任务位置—接口形式—成果类型—责任边界"的标准结构模板进行记录,实现从行为数据到制度语言的结构转换。例如,企业在参与岗位能力标准制定的整个过程中,不应仅保留会议纪要和成果文本,而且应提炼其在流程中的协作模式、标准贡献点和行为接口路径,纳入平台的制度知识体系,成为后续治理任务的结构先例。第二,机制识别模型。平台需要具备对高频协作行为的模式识别和机制提炼能力,即通过平台数据系统对组织行为轨迹进行分析,对其中表现出高适配度、高协同性和高稳定性的行为组合进行结构抽象,形成可调用的协同机制模板。这些机制模板不仅提升平台治理效率,更构成组织间信任体系的结构支撑,因为习惯行为代表治理预期的制度化表达,是平台结构记忆的重要形式。第三,行为沉淀通道。组织惯例必

须具备沉淀路径,即平台如何将协作行为的经验转化为结构性制度成果。这一通道包括行为归档机制、绩效反馈机制和接口优化机制三重系统。在治理过程中,不仅要对组织间协作行为进行归档和绩效评估,还应将表现优异的协同机制反馈至平台接口标准中,完成规则更新和接口重构,从而推动制度生态系统的自我演化。

组织惯例之所以关键,在于其兼具三个结构功能:一是结构稳定器,使组织行为具备路径依赖性,降低跨组织沟通与协调成本;二是治理语言模板,为制度规则生成提供案例基础和行为范式;三是结构信任机制,通过重复协作形成制度上的预期一致性,替代部分依赖外部监督的治理负担,提升平台内部治理效率。

组织惯例的最终目标,并非固化协作模式,而是形成机制创新的制度土壤,使平台具备在既有经验中生成新机制的能力,具备在结构秩序中拓展组织边界的弹性。制度生态的稳态结构,不是来自组织静态位置的排列,而是来自行为路径在治理系统中的制度化积累、机制化编码与结构化记忆。

三、制度场域中的合作稳定机制与多元结构的共生生态构建

平台治理结构之所以能够持续运行,关键不在于组织意志的一致性,而在于结构间制度的相容性;制度场域之所以能够维系合作的可持续性,亦非依赖资源投入的持续增加,而是依赖协作机制的结构化内嵌与行为路径的制度化封装。制度场域并非物理空间的简单集合,而是规则、任务、角色、信任、权责在流程中的协同生长与结构化定型。

首先,合作的稳定机制在于平台是否能为组织之间提供一套可调用的制度通用语法体系。这一体系必须超越组织内的本位术语,构建基于任务节点、接口形式、资源路径与治理行为的结构语言,从而使组织行为不依赖组织间的主观意图调和,而是依托机制模板实现快速协同与流程嵌入。平台在此过程中应承担语法桥梁角色,将治理任务标准化为逻辑单位,使组织

之间得以通过制度接口进行结构连接与机制契合。

其次，合作的稳定机制体现在平台是否具备协同结构的动态平衡能力。平台并不追求协同机制的静态对称，而是在不对称协同中寻找动态调节的结构均衡。企业与高职院校、运营组织与职能部门，在资源禀赋、角色优势与治理偏好上本存差异，平台需要通过任务配比机制、权限调节机制与协作积分机制，建立结构势能均衡模型，使各类组织在制度场域中获得角色确认与机制补偿。这种平衡机制并非结果再分配，而是规则前置设计的制度内嵌逻辑。

再次，合作的稳定机制还取决于平台是否能够将短期协作转化为长期结构惯性。协同机制如不能在平台中形成路径依赖与组织黏性，将难以支撑复杂治理结构的多轮博弈与系统更新。平台治理应通过制度记忆机制与组织行为数据库构建，记录协作关系演化轨迹，形成制度性信任资产，使组织之间的协作不再完全依赖人际信任与临时谈判，而是转化为结构性预期与机制性互认。

最后，制度场域中多元组织的共生生态，并非构建在组织强制互补或行政调和逻辑之上，而是在长期协作中形成的制度共演系统。平台应围绕关键任务流设定制度演化逻辑，以结构接口为媒介，以行为惯例为路径，促成组织之间从任务偶遇向机制嵌合，再向共生生成转化。这一转化的底层逻辑，是平台将治理机制从需求对接升级为能力编织，从资源交互升级为结构互构，从职责清单升级为机制共同体。

制度生态的最终形态，不是组织之间的静态合作模式，而是一种具备结构弹性、机制生长力与行为记忆功能的治理生态系统。在这一系统中，组织之间以机制为逻辑，以接口为语言，以结构为边界，以规则为工具，形成一种基于制度协同逻辑所构建的动态共生结构。这一结构将成为平台治理稳定、制度生长持续与组织生态进化的核心支撑体系。

四、多元组织协同生态的制度跃迁路径与平台治理结构的形成逻辑

制度生态的形成，绝非组织的简单拼凑，而是机制在结构间持续运动的产物。多类型组织的协作并非仅凭行政调配即可一蹴而就，而是需要经历制度语义的转换、接口逻辑的嵌合以及规则边界的重新设定，逐步构建出一个能够自我识别、持续运行并共生演化的制度场域。这一场域不仅承载了组织治理行为的现实张力，也构成了平台治理演化的制度基础。

首先，协同生态的形成逻辑体现在结构层级的多维耦合能力上。组织行为不再孤立于行政单元，而是以治理节点的形式分布于制度流程之中。这种结构分布方式要求平台具备跨层级映射组织行为的能力，能够将具体组织行为转化为机制模板，将行为成果封装为结构单元，并根据治理场景需求进行模块化调配。

其次，协同生态的形成还取决于机制生成与规则沉淀的组织能力。平台的治理体系不应以管理指令为核心，而应以内生机制为驱动，在协作行为中不断抽取结构规则，在行为路径中生成制度语言，在制度接口中嵌入治理反馈。这种机制自生能力的形成，需要平台组织放弃规则一元主导逻辑，转而支持多源规则协商、治理行为共建与机制标准众创，真正实现制度系统的治理共创性。

再次，多元组织协同的可持续性，依赖平台对制度秩序的记忆能力与组织惯性的编码能力。平台治理的关键不在于解决一次协作冲突，而在于能否将高质量协作结果进行机制封存、路径记录与规则固化。行为惯例、协同语言与接口协议的累积，不仅构建了平台对历史行为的制度理解，也成为其对未来治理任务的结构预期。治理记忆的存在，使平台不再重复旧误，而在历史协同中寻找到未来治理的路径参照。

最后，制度生态的跃迁路径必须构建在平台逻辑对组织结构的再定义能力之上。平台不应仅被视为治理资源的统筹平台或政策任务的对接中

介，而应被确认为一种制度环境创造者与治理机制设计器。其价值不在于聚集了多少组织资源，而在于是否创造出一种可以自我繁殖、协同共构与持续演化的结构土壤，使多元组织之间的合作不再依赖外部强制力维系，而依靠内部机制的逻辑一致性与治理行为的制度契合度实现长期稳定。

平台作为制度结构的承载场，其治理生态系统应具备以下三重能力结构：一是规则编织能力，即将多元组织行为转化为协同规则，实现制度语言的跨组织共识化表达；二是结构协调能力，即将差异化组织逻辑嵌入统一接口标准之下，形成治理路径的一体化运行；三是生态演化能力，即在平台生命周期内，形成机制反馈、结构更新与角色流动的组织演化闭环。

正是基于这三重能力的持续互动，平台治理结构方能突破组织物理配置的边界限制，跃升为一种具备制度自治功能与机制持续生成功能的结构生态系统。平台不再是校企之间的协作场，而是组织共生、结构嵌合与制度共创的机制母体，其治理价值在于它能否构建起一个以协同为常态、以机制为秩序、以演化为逻辑的制度生态系统。

第四节 校企合作治理模式的演进路径与平台运行机制的再构建

校企合作并非自然共识产物，而是治理制度演化中多元权责、资源要素与组织结构交汇的结果。传统模式下，合作关系基于短期项目联合、资源供需匹配与行政协议安排，制度形态依赖科层结构与行政逻辑，治理行为被功能性任务遮蔽，组织结构存在协同弱化等特征。这种合作逻辑能维系阶段性对接与指标完成，但无法支撑长期协作等。

治理模式更新要求合作机制从行政命令管理逻辑转向任务生成与机制耦合的结构逻辑，从组织隶属分工方式转向制度接口联通的协同方式。合作治理不再是高职院校主导的资源吸纳，而是多元组织的结构嵌合；不再是静态制度运用，而是动态机制生成与规则共设计。

校企合作机制变迁不仅体现于外在扩展，更源于内部权力重组等。制度层面，合作关系从资源配置转向结构治理，从任务承接演进为机制供给，双方摆脱组织边界束缚，进入新阶段。

在此语境下，平台作为制度结构中介与治理机制母体，其运行机制设计、路径耦合逻辑与规则体系演化能力是校企合作从协作型制度向共治型结构跃迁的关键。平台运行机制是制度共建的组织中枢，唯有机制再构建，才能突破制度惯性边界，赋予合作关系制度张力与结构空间。

一、传统合作治理模式的制度局限与协同失衡症候

传统的校企合作治理模式，形成于计划经济体制向市场经济体制过渡的时期，其制度基础植根于资源匮乏背景下的组织互补逻辑。该合作模式通常展现出典型的供需嵌套特征，即高职院校提供教学资源和人才输出通道，而企业提供实践场域和就业通路，双方通过项目制、协议制等行政机制构建合作关系。这种治理结构在初期有效地激活了教育系统的外部资源动员能力，但随着高职院校向任务多元化、平台嵌合化、治理协同化方向发展，原有机制所固有的结构刚性和制度惰性逐渐显现。

第一，制度局限性体现在治理逻辑的单边控制性上。多数校企合作仍然采用行政协议或指导性政策来设定合作内容和运行方式，高职院校普遍占据主导地位，通过政策制定、标准拟定和课程设置将企业纳入高职院校体系内运行。尽管这种模式在资源调用上具有一定的集成效率，但在权责划分、机制协商和组织协同方面，却呈现出“制度单向输出—执行边缘弱化”的治理弱耦合结构。

第二，结构配置上的职能碎片化严重削弱了合作治理的系统韧性。在合作框架下，高职院校仍然沿用教学科层体系的分工逻辑，企业则主要以项目或岗位为任务切入点，双方在功能接口、治理语言和机制节奏上长期存在显著错位，导致任务流程割裂、组织接口失联、制度反馈失效。在实践中，企

业往往缺席课程设计前端和标准设定过程，教师也难以深入企业机制体系进行制度共创，合作关系因此逐步内卷为“资源对接—成果共享”的弱结构治理状态。

第三，合作机制中长期缺乏制度性协商路径和行为规则反馈通道，使得组织之间的关系持续依赖个体黏性和项目惯性，难以形成结构性信任和制度化协同。企业参与教育治理的路径通常通过项目导入、资源嵌套或短期参与实现，其治理行为缺乏结构归属感和制度接口约束，合作行为难以纳入系统评价体系，组织绩效缺乏结构认定机制。这一结构空洞现象导致平台治理中机制参与者角色模糊、协同行为不可转译、规则演化路径断裂等治理困境频发。

第四，传统治理模式的运行逻辑将校企合作关系框定在高职院校为主体、企业为客体的制度框架之内，忽视了企业在知识生成、治理构建和机制反馈中的能动价值。这一逻辑固化不仅压缩了合作结构的治理半径，也抑制了制度创新的行为多样性，使平台难以从结构动员转向机制生成，陷入合作形式多样而治理路径单一、协作机制复杂而制度生成稀缺的治理失衡状态。

上述制度局限性表明，合作关系若缺乏制度规则的协同生成能力、结构配置的动态耦合能力与治理行为的机制反馈能力，将难以适应平台治理结构对高密度协作、快速规则迭代和结构自组织能力的基本要求。唯有突破传统治理范式中的制度瓶颈和结构惯性，才能为平台机制的再构建释放制度空间和结构张力，真正实现治理结构的范式跃迁。

二、合作结构的治理范式转向与平台规则体系的功能重组

治理范式的革新并非意味着治理内容的简单扩展，而是治理逻辑的根本性转变。在传统的治理框架内，校企合作所依托的治理结构体现为一种嵌入型协作模式，即高职院校通过政策引导和行政指令融入企业资源体系，以实现项目任务和资源调配的目标。在这样的结构下，合作规则通常以外

部文本形式出现，由高职院校制定，并以任务目标作为执行的基准。尽管企业是参与合作的主体，但其在制度生成和规则协商方面缺乏相应的权力，这导致规则体系呈现出单向嵌入、结构失衡和机制被动的特征。

平台化逻辑要求合作结构从管理输出逻辑转变为机制形成逻辑，合作规则体系也必须从行政输入型规范转变为协同生成型机制。这一转变从根本上打破了治理权力的集中化格局，不再以机构属性来界定制度话语权，而是以治理行为的结构嵌合程度、机制参与深度和规则共创能力来决定制度地位。在这种逻辑下，平台的制度设计重点转向规则的开放性、生成性和可协商性。

首先，规则体系的重构需要打破原有治理结构中以高职院校为规则源点、以项目合同为制度边界、以政策目标为运行起点的封闭规则系统。平台治理强调多元主体的角色生成权和规则构建权，平台内部需设立规则协商机制单元，将企业组织、教师团队、平台运营机构等均纳入制度共建框架之中。规则协商不应仅停留在咨询性参与层面，而应通过制度化路径实现接口式共创，即不同治理行为主体对任务链条中各结构节点所承担的职责、权限、反馈方式进行规则表达与机制建模。

其次，规则体系应具备结构嵌套能力。在传统合作模式中，规则的效力范围常限于协议边界之内，缺乏流程穿透能力和结构联动机制，无法适应平台任务的动态流动和机制逻辑的结构变异。平台应在规则构建中引入接口层级设计与任务结构映射机制，使得每一治理规则对应于流程中的一个或多个治理节点，嵌套于具体组织行为与制度接口之间，形成“结构位置—行为逻辑—规则表达”的治理三元耦合单元。

再次，平台规则体系还应具备机制进化能力，即根据治理过程中的行为反馈不断修正规则结构和机制逻辑。传统合作治理模式中，规则往往一次性设定、长期固化，缺乏制度反馈回路，导致机制老化和协作僵化。平台机制需设立制度演化引擎，将治理行为数据化、接口运行可视化、机制调用反馈化,实现平台规则体系的动态监测、结构优化和制度再生。这一演化能力,不仅增强了治理机制的适配性,也提升了平台应对复杂协同情境的结构弹性。

最后,规则体系的功能重组并非对旧有规则的简单修正,而是对平台治理语言的系统重构,是通过机制逻辑将治理关系、组织权责与行为接口编码为结构化语言,使规则从治理的工具转化为结构自身生成与维系的制度要素。这一结构重构预示着平台治理将由以政策目标为导向的任务调度系统,演进为以机制共建为路径的协同治理系统,实现制度内驱、行为转译与结构共识的有机统一。

三、运行机制的重构逻辑与平台制度协同路径

平台治理机制不应仅被视为任务调度流程的简单集合,而应定义为一种可持续、自我调节、跨主体嵌合的制度性运行结构。其机制特征表现为三个层面:首先是流程结构的可编排性,其次是组织接口的可嵌套性,最后是制度行为的可演化性。运行机制的本质在于制度系统对任务逻辑的结构响应能力,集中体现了平台治理体系是否具备组织分布式协作、自主生成规则以及持续嵌入治理行为的制度中介能力。

第一,运行机制的重构在于逻辑转向上的突破。在传统治理框架中,机制设定通常以行政逻辑为主导,通过上级授权、科层对接与项目驱动形成任务链条,表现出明显的封闭性和依附性。相比之下,平台机制以任务生成逻辑为主导,将任务单位解构为结构模块,将治理行为封装为接口行为,从而实现机制体系从外部赋能向结构内生的范式转型。平台运行的出发点不再是权力流转,而是任务结构对制度响应的即时生成,是结构张力催化下的治理机制即时组装与组织性响应。

第二,机制重构在于组织行为如何通过制度接口实现流程协同。平台运行的机制本质,在于组织行为之间通过制度性接口达成耦合、协同与反馈

的过程。因此,平台必须构建一套“行为—机制—结构”的制度嵌套体系,确保每一组织行为节点在平台中具备规则支持、任务归属、结果路径与责任回流。这一机制体系的核心并非在于统一流程的标准化设计,而在于提供可插拔、可调用、可适配的制度接口模板,实现平台机制对多样性组织行为的弹性整合。

机制运行的结构载体,应具备以下功能单元:任务拆解引擎、结构路由系统、接口调用模块、行为反馈组件。其中,任务拆解引擎用于识别治理任务的流程节点与功能模块;结构路由系统决定各治理单位的路径走向与信息联通逻辑;接口调用模块承载平台内部组织的权限调用与协同逻辑;行为反馈组件则负责治理行为的数据回流与制度更新。这一机制模型使平台运行机制从静态制度文本跃迁为高度模块化、结构化与流程动态可调的制度执行系统。

第三,机制重构还需解决治理中的协同路径问题。协同不仅是组织之间的互动行为,更是一种制度逻辑下的结构安排,其核心在于规则共识、流程共建与结果共治。平台协同路径必须嵌入以下三重制度逻辑:其一,任务配置逻辑,即谁主导任务、谁嵌套资源、谁承担责任,需由平台治理规则进行明确建模;其二,机制接口逻辑,即组织行为如何接入平台流程、如何同步反馈与追踪;其三,协同决策逻辑,即平台如何在多元意见表达中实现机制约束与规则统一。

这些协同逻辑的制度编码能力,是平台运行机制区别于传统行政体制调度机制的根本所在。平台并非将管理流程复制到多个组织单元,而是在制度架构上形成了一种跨主体、多节点、动态演化的协同机制体系,从而实现对复杂治理任务的结构化回应与机制性协调。

在机制重构过程中,平台治理的结构属性完成了从工具性运行系统向制度性生成系统的跃迁,其运行机制不再只是流程图上的路径连接器,而是制度结构中的能量转化器,能够将治理张力转化为制度力量,将任务动态转化为治理秩序,将行为响应转化为组织惯性。平台由此不再是校企合作的中性通道,而是规则交织、机制自生与协同治理的制度内核。

四、平台机制演进的结构闭环逻辑与合作治理范式的制度跃迁路径

制度机制的演进,不仅依赖任务规模的扩展和组织数量的增加,更依赖平台结构实现机制链条的闭环构建。结构闭环的核心不在于制度是否完备,而在于平台能否将“任务生成—接口配置—组织协同—行为反馈—规则再造”这一运行逻辑形成连续循环,并在多轮制度调用中实现机制自我修复与组织自我优化。这一机制闭环不仅意味着治理系统的逻辑完整性,更标志着平台已由治理的操作层跃迁为制度的生成层。

首先,闭环的形成在于任务链条的制度生成与再嵌合能力。传统任务治理路径往往基于项目导向与外部政策推动,呈现出阶段性启动与节点式运行的结构特征,缺乏连续性的机制支撑。平台机制演进要求打破这一任务孤岛效应,通过结构性规则将任务嵌入到组织治理体系之中,使任务不再依赖行政调度或临时协议,而通过制度接口自动生成、持续调度并反馈优化,进而构成制度内部的运行回路。

其次,闭环的形成在于接口行为的数据反馈与机制更新能力。在高频协作与多点治理中,制度接口并非一次性配置,而需伴随行为轨迹进行周期性校正。平台机制演进必须具备接口迭代逻辑,即将平台中所有组织接口行为进行数据建模与绩效分析,识别结构瓶颈与流程阻断点,并在机制层面做出结构性优化决策。这种机制自适应能力使平台得以持续对接新场景、适配新任务、优化旧结构,保障机制系统的长期生命力。

再次,闭环的形成在于组织行为的制度沉淀与平台规则的结构演化。平台之所以区别于传统行政结构,正在于其不仅记录协作行为,更将其结构化为规则模块并沉淀为机制语言,使组织在平台中的每一次协同都转化为平台治理体系的一次制度生长。规则不再依赖外部输入,而是来源于治理

行为的内部输出，机制体系因此形成自我增强、自我复制与自我迭代的能力。这一制度生态的生成机制，是平台机制演化的结构基础与治理再生产逻辑的根本支撑。

最后，闭环的形成在于治理范式从执行型组织连接向结构型制度生成的深度演进。在此演进逻辑中，合作关系不再以合作频次定义价值，而以制度生成力定义结构地位；协同绩效不再以完成任务为终点，而以内化机制为治理标准。平台成为制度语言的容器、治理机制的发生体与规则生态的生成系统，推动校企合作从结构对接迈入机制共构，从项目耦合迈入制度互嵌，从外部规制迈入内部秩序的自组织治理阶段。

这一制度跃迁不仅改写了校企合作的结构基础，更对教育系统与产业系统之间的互动逻辑提出了新的机制范式要求。未来合作治理的结构张力、机制多样性与规则共生性，将不再依赖外部驱动，而内嵌于平台结构之中。平台之平台性不再体现在资源聚合或信息集成，而在于它所构建的那一套具备生成力、组织力与演化力的机制生态结构——这是合作治理体系真正步入制度现代性的关键标志。

第五节 组织生态构型的初始模型与协同运行基础

治理平台的组织生态不是多组织叠加的物理空间，而是由制度逻辑驱动、功能结构组织、机制接口联通的协同网络系统，是动态生成体。其可持续性取决于能否构建有角色弹性、结构嵌合与制度再生产能力的治理场域，形成治理闭环。

传统校企协作组织关系是静态角色并置、功能分工固化的合作模型，核心是组织互补。但在平台治理逻辑下，组织成为制度生态的参与构建者，角色由接口能力等决定，推动组织边界弹性化等，使平台从结构拼图变为机制网络。

平台组织生态构型要将治理互动转化为制度联动，形成演化能力，实现结构稳定性与功能动态性的平衡。它不是设计图纸描摹，而是规则运行路径中的制度能量分布结构，平台需构建内生演化逻辑主导的结构更新机制。

在此逻辑下，制度运行的闭环设计是组织生态持续生成的核心制度支点。闭环机制要求平台有完整治理链条，让组织协同嵌入系统逻辑。只有构建制度驱动的组织生态，平台才能从协作容器变为制度中枢，迈向结构自治，构建治理生态结构体。

一、组织关系的制度功能重塑与生态单元的结构演进逻辑

平台治理结构的演变过程，已不再依赖组织属性的静态划分，而是通过围绕制度任务的功能重构来实现角色的更新。在这一逻辑下，组织不再是资源的占有者和流程的执行者，而是机制接口的嵌合单元和制度行为的编码体。平台所需的是具备协同逻辑和机制供给能力的制度功能体，而非被动响应式的结构参与。制度的分配权责不再由中心化指令决定，而是由结构性任务配置机制生成角色，组织边界随着机制接口的动态流动而变化，角色功能根据任务结构即时编排，组织地位依据协作绩效实时演化。

这一角色重塑的制度基础，是平台在运行过程中形成的机制能量场。在传统的行政治理中，组织通过等级秩序和科层授权来维持角色稳定，而平台治理所激活的结构逻辑，则以任务分布、资源流向和接口耦合为核心生成机制。组织关系的构建不再通过条块分工固化，而是通过结构功能嵌套逐步确立。制度嵌合成为判断组织功能是否具备平台参与价值的首要标准。

平台内部的组织关系构型，逐步演化为三类制度单元：首先，机制驱动型组织节点，即以任务模块为依托、以机制供给为核心的结构性参与单元。此类组织不依附于原有行政归属，而是通过制度接口完成角色生成，在课程共建、资源供给、岗位标准设计等模块中成为治理路径的主构节点，承担规则生成与接口调度等高阶治理职能。其次，功能协同型组织簇群，即以结构协同为目标、以协作频度与接口一致性为基础形成的组织集合体。平台通

过分析组织行为轨迹、任务响应效率和机制接口调用逻辑，识别组织间的协同亲缘关系，构建协作网络节点组，实现结构嵌合与规则共生。最后，行为沉淀型组织场域，即以制度记忆为核心、以治理习惯路径为基础构建的组织惯例生态体。平台将组织协同行为转化为规则模板和结构标准，并在制度机制中封装为组织治理知识库，推动组织结构的稳定演进与机制生态的内嵌式更新。

这三类组织结构单元并非稳定常态，而是在平台治理过程中动态生成、行为主导与制度嵌套下持续调整的机制场域。组织生态的结构演进过程，不是从上至下的制度规划结果，而是在平台结构持续反馈与机制选择中的生成逻辑。平台不是组织关系的裁判者，而是角色机制的发生器、功能分配的优化器和制度行为的集成器。

在这一演进过程中，平台对组织行为的识别能力与机制反馈能力成为决定组织地位演化路径的关键变量。结构不再固化，机制成为唯一语言；权责不再依附，行为成为唯一边界；角色不再被授予，而是被结构识别与制度调度所生成。平台所构建的组织生态，逐步形成以治理能力数据化、协作行为结构化、制度接口标准化为核心特征的运行逻辑，其本质是一种基于协同机制重构而成的制度生态共生体。

二、平台系统中的制度接口机制与结构耦合策略

平台机制的结构耦合性，源于制度接口的有效设定与运行能力。接口不仅是组织间功能的连接点，更是制度结构中协作机制的关键节点，它将组织能力、行为逻辑与规则表达封装为标准化的机制结构。制度接口的建立，标志着平台治理结构已从粗放式的资源调度阶段，过渡至精密型组织系统构建阶段。其重要性体现在组织行为被纳入制度框架的能力可见性、平台机制的可调用性以及协同结构的自我修复能力。

平台构建的制度接口，已超越了传统项目合作中单向指令式或被动响

应式的信息端口，而成为一种高度组织化、嵌套式、可参数配置的机制节点。其运行核心体现在以下三个维度：

首先，接口功能的任务结构定位机制。制度接口并不仅是功能的承接点，而是任务流程中的结构分布点。每个治理任务必须首先被解析为结构逻辑单元，并以接口方式分布于平台治理链条中，使组织角色、行为动作、资源配置与规则输出在结构维度实现精准嵌合。例如，企业导师不仅作为课程参与者嵌入教学流程，更以能力标准制定者的身份对接教学方案结构接口，其角色不再取决于行政授权，而是取决于平台接口结构的制度映射。

其次，接口规则的权限逻辑绑定机制。有效的接口不仅传递任务指令，还必须内嵌权责逻辑与规则协议，以确保平台机制运行中的行为边界清晰、执行路径闭合、反馈系统可控。在平台系统中，接口权限需结合任务优先级、组织能力谱系与历史绩效轨迹进行动态配置。接口的设定应嵌入三类权限绑定结构：操作权限（执行范围）、制度权限（规则生成与调用权限）、反馈权限（绩效评价与流程修正权），形成“接口行为—规则—责任”三位一体的制度闭环。

最后，接口协同的结构映射机制。在多元组织共同参与的治理结构中，接口的分布不应依赖组织地位或任务重要性，而应基于协同路径图谱对结构逻辑进行映射，使不同组织在任务链条中形成结构性的接口关联与协作预设。平台需构建结构协同图谱，以识别任务节点之间的接口耦合关系、制度行为的协同路径、角色接口的响应能力与交互密度，从而实现组织结构的制度网格化、接口映射的结构数据化与协同关系的行为预测化。

制度接口的核心价值，在于其不再是信息传递工具，而是结构配置机制。接口既定义了平台运行中的制度逻辑单元，也决定了组织在制度生态中的角色生成路径与协作方式。治理系统是否具备自演化能力，关键在于其接口系统是否可持续运行、可自我调节与可结构重构。

平台接口的精密设计，使治理机制由流程驱动型向结构驱动型转化，由功能对接向逻辑嵌套转化。制度接口不再仅承载组织之间的功能配合，而成为制度运行路径中的结构支撑体，其标准化、参数化与嵌套化水平将决定平台制度生态的可复制性、可适配性与可演化性。唯有将接口设计嵌入平台的机制元结构，才能真正形成结构协调、任务闭环与规则响应的治理基础架构。

三、结构闭环下的制度运行路径与协同系统的演化动力机制

治理系统的稳定性并非源于组织数量的增加，而是取决于机制运行的自洽逻辑以及结构演化的内在驱动能力。平台化治理结构的根本特性，并非任务执行的高效性，而是制度运行的内在闭环特性。这种闭环结构，是多主体协同过程中任务链、机制链和行为链三者之间高度耦合与动态调节的综合产物，是平台把治理任务从功能对接转变为结构联动的制度逻辑体现。

第一个环节在于平台治理结构能否对组织行为完成机制转译，也就是将原子化、经验性且以个体为导向的组织行动，抽象成具备标准模板、可协同逻辑以及结构绑定路径的制度语言。在传统治理模式下，组织行为大多依赖部门内部逻辑、科层程序或者项目惯例，缺乏与其他组织行为的规则统一和接口共享能力。平台运行要求所有组织行为在进入制度系统之前，要经过治理转译环节，即在统一的结构标准下被转化为接口行为、机制元素和反馈变量，从而使组织间行为拥有协同性和标准化的制度表达形式。

第二个环节是行为的结构内嵌机制，即被转译后的制度行为如何分布到治理任务链条之中。这一机制并非行政分工的简单投射过程，而是接口逻辑、组织能力和任务节点之间的结构映射机制。在此过程中，平台治理系统需要构建“任务—行为—结构”的三维联动模型，将组织行为分布到制度网络的合适位置，并配置相应的接口标准和反馈机制，以保障治理行为和任务流程之间具有高度适配性和强内聚性。这一机制确保制度不是简单覆盖组织行为的外在形式，而是行为逻辑的生成与反馈载体。

第三个环节是机制的系统反馈机制，即组织行为是否能形成结构响应，

并推动平台制度的动态优化。在传统项目治理中，制度反馈常常停留在结果导向层面，例如阶段性评估、成果考核或者任务备案等，反馈效能较低、对结构的影响力较弱。而平台治理强调对治理行为全过程进行数据化采集和结构化处理，通过接口追踪、行为监测、结构匹配和机制修复四个通道形成系统性反馈闭环，使平台能够实现对任务流程的治理感知、对机制结构的治理调度以及对制度标准的治理更新，构建起制度自我反馈、自我调节和自我演化的核心功能。

第四个环节是平台规则的持续再生机制。平台制度生态若要突破结构固化和路径依赖，必须在机制反馈的基础上构建规则生成逻辑，让每一次协同实践都成为下一轮规则演化的制度基础。这一机制的运行依赖平台对治理行为数据的深度处理能力以及对协同路径的抽象提炼能力，通过治理算法和规则建模工具，将高频行为、成功协同和机制协调转化为通用规则库和行为模板集，逐步形成"任务驱动—机制联动—行为沉淀—规则反馈"的演化循环。

协同系统的演化动力并非来自单点创新，而是多节点、多路径、多反馈机制之间的耦合张力。这种张力并非治理困境，而是制度演进的动力来源，是制度生态进行自我结构调整、自我治理逻辑推进和自我机制优化的行为基础。平台协同系统只有在闭环结构中才能实现秩序稳定性和结构变异性的共存，进而构建一个既能够适应治理任务变化，又能维持治理系统规范性的制度生命体。

四、组织生态的结构演化逻辑与平台制度闭环的系统聚合能力

制度结构的生命力源于其能否不断孕育出组织间的协同逻辑，并在治理系统中构建出可循环、可调用、可反馈的机制闭环。制度生态的稳定性，并非依赖制度文本的完善性与资源的集中性，而是取决于平台是否具备将多元组织行为整合为结构关系、机制逻辑与治理范式的能力。平台治理之所以能成为组织生态的制度母体，关键在于其所构建的运行逻辑具备高度

结构化的演化能力与高度机制化的系统集成能力。

在演化逻辑上,组织生态并不依赖既定的治理边界与静态的功能配置,而是以制度接口为中介,通过任务适配、结构重构与规则生成,不断重组组织间的行为关系。制度运行所形成的接口地图,不仅决定着平台资源的调配结构与任务路径的组织分布,也内嵌了组织权责逻辑与机制绩效结构,为多元组织的协作构建了结构谱系与机制场域。生态的生成因此不再依附于组织原型,而是由平台机制在行为过程中持续编织、辨识并重构。

在结构路径上,制度运行从来不是线性过程,而是在治理任务的复杂织网中生成若干结构耦合节点。每一治理任务的推动,不再仅依赖某一主导组织的调度能力,而需依托多个制度单元之间的接口对接、规则协同与行为共识。平台的聚合功能体现在其可以将组织之间本不相连的行为路径结构化为接口链条、转译为制度语言,并嵌套入治理机制中,最终构建出具备网络结构特征的治理体系。这一体系不再依赖某一中心节点维持秩序,而通过机制网络的韧性自组织维系系统稳定。

在机制闭环上,平台治理所构建的制度生态要求每一结构行为都具有"生成—嵌套—反馈—更新"的制度属性。治理系统的核心不是完成任务,而是实现结构演化的自我驱动。平台机制必须能够识别结构张力、吸纳协作数据、反馈机制响应、修复接口断点,并在治理运行中持续生成规则、复制机制、沉淀行为模板。正是在这种机制的闭环逻辑中,平台不仅完成了协同治理的制度组织,也构建起了一套具备结构延展性与机制生长力的生态系统。

组织生态构型最终所呈现的,不是某种确定性秩序的静态平衡,而是一种由制度机制主导、结构接口编织与协作行为反馈构成的动态稳定秩序。平台制度由此成为一种组织智能体,它具备结构辨识能力、机制聚合能力与系统演化能力。生态系统中的每一组织单元,都在不断的制度交互与机制重构中更新其位置、再定义其角色并重组其行为逻辑,治理系统因此能够脱离行政支配逻辑,进入以规则自洽、行为可调、机制自生为特征的制度演进阶段。

平台治理结构不再是组织运行的背景条件,而是成为制度生态的生成引擎与组织秩序的逻辑母体。唯有在这种深度机制闭环与高密度接口网络的结构支撑之下,校企合作平台方能从协作容器转化为制度结构体,从外部组织调度工具跃迁为具有内生演化能力的协同治理系统。这一跃迁不仅提升了平台对复杂任务的响应能力,更重构了产教融合机制的制度基础与演化逻辑,标志着治理模式已由传统资源交换关系迈入机制主导型结构生态的现代治理形态。

第六章 治理绩效的动态评估体系与制度成效的生成机制

治理绩效的可评估性是制度运行被信任、平台机制迭代的逻辑基础。平台化治理显著特征为运行过程、接口标准、组织行为的高度结构化、可编程、可追踪，构成治理行为可识别性与机制过程可回溯性。治理绩效测量不应停留在结果导向的单点考核，应构建以结构响应能力、机制耦合程度、制度再生效率为核心维度的动态评估体系，以监测平台制度运行质量、验证治理行为可信度。

平台治理的制度运行绩效，不应仅以成果产出评价，而应以平台在任务结构、组织行为、机制链条中的规则调用、结构惯性生成、规则再生维持为核心指标。治理成效评估要进入全周期评判逻辑，关注平台系统结构自洽性、接口运行适配性与规则演化持续性。

传统绩效体系侧重量化成果与可见产出，平台治理机制要求更高阶的结构绩效，包括结构配置响应任务波动、机制运行维持治理逻辑闭环、组织行为沉淀为制度规则。在此绩效观下，更要评估机制运作制度过程的生成性、机制结构的耦合性、平台反馈的闭环性。

该评估体系构建基础是制度运行模型的结构表达。平台要将任务流程等构建为制度行为图谱，作为绩效生成结构模型与机制识别基础语法。平台绩效指标体系从结果导向型转向结构行为型治理模型，在治理系统内生成结构性绩效数据，使平台成为绩效数据内生场。

治理绩效转化为系统性制度表达能力，即平台能否将过程行为编码为数据链路。制度成效衡量要看制度可运行性、组织机制执行路径、结构协同系统。评价主体应延伸至平台内部组织角色，通过行为绩效结构建模完成治理绩效的组织内生成与制度间反馈。

第一节 平台治理绩效的指标逻辑与制度运行的功能评价模型

平台型治理结构的制度能力，不在于组织调配效率或资源集成规模，而在于是否有结构内生的绩效表达体系。产教融合背景下，治理系统复杂性与协同密度上升，传统外部性绩效模型难涵盖平台运行实质与制度生命力。平台治理绩效认定标准正经历系统性范式迁移，从指标导向到结构导向、从结果呈现到过程嵌套、从外部评估到机制反馈。在多元主体耦合等现实格局中，平台要回应的不仅是任务完成问题，更是机制结构自组织能力与制度逻辑闭环性能。绩效考察转向深入识别平台运行、制度生成与结构调节。这意味着产教融合平台绩效体系须重构具有结构响应、机制调用与组织行为识别功能的治理评价模型，以支撑向制度型平台跃迁。在此背景下，绩效的结构性、制度性与行为性成为平台评价机制核心支柱，治理成效认定需回归机制表达、结构效能与制度嵌合深层逻辑。

一、制度绩效的结构化表达逻辑

产教融合平台在治理体系中的制度价值，体现在其能否以结构性方式将组织协同、任务配置与机制运行融合为闭环型制度系统。在这一治理结构中，绩效不再是结果数量的展示，而是制度运行能力的显性化反馈，是机制组织逻辑是否闭合、结构运行路径是否可识别、平台行为是否具备自我调节能力的系统性表现。

传统的绩效评估体系，通常依附于行政项目管理逻辑，在治理空间中设定目标完成率、资源利用效率、成果产出数量等静态指标。这一指标体系虽可对外呈现可量化数据，但其逻辑内核依然滞留在任务线性完成与指标阶段验收之间，难以体现平台机制的动态反馈、制度演化与行为嵌套能力，导致绩效评估成为制度治理的外部附属而非内嵌环节。

产教融合平台作为一种制度性嵌合机制，其治理绩效的本质不是“量”，而是“能”：是否具备自生成、自运行与自反馈的制度能力；是否能够在治理任务变动中维持结构耦合稳定性；是否能够通过机制调用形成组织间的行为路径记忆。平台的制度能动性构成其绩效的最核心维度。

首先，制度绩效的表达逻辑体现在平台能否对治理任务形成结构性响应力。这要求平台具有对任务变化进行结构性解析、对组织行为进行接口重构、对机制路径进行动态编排的能力。当平台面对新型产教融合任务时，能否基于现有机制资源完成接口再部署、角色功能再识别与路径逻辑再构建，成为判断其绩效水平的关键前提。

其次，制度绩效须具备机制可追踪性，即平台中每一次组织行为、任务推动与接口运行，都应被封装为机制数据、记录为接口轨迹，并纳入绩效监测与机制评估系统。绩效由此脱离产出导向，进入机制导向的评估逻辑，转向对结构行为的识别、归档与优化，实现治理绩效从可视结果向可测行为的范式跃迁。

结构绩效的最终目标，不在于形成一次性的制度验收文本，而在于建立一个结构可视、行为可读、反馈可调的治理运行体系。在这一体系下，绩效不仅是对制度系统是否运行的回答，更是如何运行、运行效率如何、运行行为是否符合制度逻辑的深层治理识别机制。

二、绩效模型的机制嵌套单元与行为响应闭环

若缺乏机制结构的单元嵌套，制度运行体系将无法实现绩效评估的分析细化与逻辑链条的响应。建立结构化绩效模型对于平台治理至关重要，原因在于治理行为并非孤立的反应，而是由众多制度机制节点构成的协同轨迹。此轨迹并非以任务的完成为终止，而是以治理路径中每个机制接口是否得到准确调用、每个组织行为是否产生结构化响应作为核心识别维度。

在产教融合平台中，机制不仅是治理功能的调度工具，更是治理绩效的识别器与制度行为的载体。教学组织、企业主体、平台中介、第三方服务组织等均以接口化方式融入平台运行结构。绩效识别的起点，必须建立在机制嵌套单元的解构与重组之上，即将治理任务细分为结构行为节点，并在每个节点上配置明确的机制单元，赋予其功能边界、接口规范与行为反馈回路，进而构建一张覆盖治理流程全周期的制度绩效网络。

此机制嵌套结构必须同时具备以下三种运行能力：首先是接口的可识别性。平台中的每个绩效单元必须能在机制图谱中被定位、编码、追踪，构成结构映射的基本单位。机制节点的匿名性与逻辑漂浮性是传统平台绩效模糊、行为责任无法界定的根本原因。接口标准化不仅是平台操作规则的体现，更是绩效识别链条的起点，是治理数据嵌套结构的技术基础。其次是行为的可反馈性。制度绩效的衡量并非以结果呈现为终点，而是以结构响应为过程闭环。平台应通过任务响应时间、行为接口调用频次、规则适配度等多维度指标，构建“组织—机制—反馈”的行为监测系统，使每项治理行为都具备可追溯的制度路径、可量化的绩效特征与可视化的优化依据。没有反馈的数据仅是指标的堆砌，而结构化反馈才是制度自修复能力的核心。最后是结果的可沉淀性。若产教融合平台的治理绩效无法转化为机制模板、接口标准与制度惯例，便无法在治理演化中形成协作记忆与组织惯性。平台绩效体系应具备治理成果制度化的能力，即将高质量治理行为封装为机制组件、接口模板与制度协议，纳入规则库、结构库与路径库，最终沉淀为平台制度生态的关键支撑资源。

绩效识别的真正意义在于构建制度运行与机制行为之间的可连接语法，使制度系统能够识别自身运行中的高效节点、功能瓶颈与反馈短板，并据此完成机制调节、接口再构建与结构再分配。平台因此具备了将任务推进与制度生成合流的能力，实现绩效体系从结果统计表向结构识别网的跃迁，完成由绩效考察向治理进化的根本转向。

三、平台绩效体系中的结构数据建模与制度识别逻辑

若治理绩效要素无法通过结构逻辑建模转化为平台机制的制度变量，则无法融入治理系统的自动反馈机制，亦无法形成可持续的制度识别基础。在产教融合平台的结构治理体系中，绩效评价不再以静态数据报表为主要信息载体，而是以结构数据构成的行为图谱作为分析基础。这种转变意味着绩效评价不再仅仅收集片段化、孤立的治理结果信息，而是构建一个结构化、过程性、逻辑闭环的制度认知图景。

结构数据并不仅是对行为结果的事后编码，而是机制嵌套的制度表达方式。治理过程中每一次组织行为的产生，都必须在结构层面形成可识别的接口调用路径、制度映射关系与机制执行参数，进而构成平台对治理系统的结构认知边界。平台治理的结构数据体系，必须以任务机制为锚点、以接口行为为载体、以绩效反馈为驱动，建立“结构行为—机制轨迹—反馈”节点的数据生成逻辑，使绩效评价成为制度运行的内在组成部分，而非其外部监督系统。

第一，平台对治理行为的制度位置定位能力。平台需在机制运行图谱中设定行为节点的结构坐标，明确其角色来源、接口归属、任务触发路径及反馈责任链，使治理行为嵌套于结构路径中，成为制度系统的一部分。缺乏位置感的行为将无法识别机制责任，也无法激活制度响应；结构位置的精确建模，是治理绩效可识别、可评价、可调用的前提。

第二，平台对机制过程的路径可视与语义表达能力。平台需构建行为路径映射工具，将任务流程中组织参与的行为逻辑、决策结构、接口响应、数据流动进行图谱式编排，生成一套动态可追踪的治理语义网络。此网络不仅可用于行为追溯，更可作为制度优化的结构依据，是平台机制不断演化的制度存证基础。机制过程的可视化，正是平台绩效由传统表征向结构图谱跃迁的关键支撑。

第三，平台对组织绩效的结构评价模型构建能力。组织绩效的评估，不

再仅以成果产出衡量绩效等级，而以其在平台结构中的嵌合程度、接口调用频度、协同效率与反馈响应能力作为核心指标。平台应据此生成结构绩效评估矩阵，实现组织结构角色的行为验证、机制参与度的轨迹确认与接口责任路径的逻辑确认，构建制度层级下的多维组织绩效识别体系。

第四，绩效体系的制度识别逻辑不应仅限于治理表现的数值评价，更应服务于平台机制的持续迭代与规则再构建。治理行为数据必须被平台识别为机制更新的信号源，并在结构治理系统中完成制度归位。唯有实现数据逻辑与结构逻辑的统一，才能将绩效体系真正嵌入平台制度生命体之中，构建起“治理行为—结构数据—机制演化—规则再生”的制度反馈通道。

平台不再是绩效生成的舞台，而是绩效识别的结构本体。这一结构不仅呈现治理运行的现象图景，更沉淀治理结构的制度记忆，构成未来机制构建与组织演化的基础秩序。在这一绩效识别体系中，产教融合平台由资源调度场转化为制度运行体系，其治理成效的认定逻辑也随之完成从指标罗列到机制反馈、从静态评估到结构运算的根本跃迁。

四、治理绩效的制度沉淀机制与平台结构秩序的再生产逻辑

治理绩效是制度结构的核心要素，而非治理系统的附加部分。若治理平台未能将绩效体系融入机制运作之中，便无法实现结构行为的反馈调节、机制路径的优化演化以及制度秩序的循环再生。在产教融合平台的制度架构中，绩效不仅承担着评估功能，更是制度体系的行为验证器与机制更新器，是平台运行系统实现治理可识别、机制可演进、结构可持续发展的关键中枢。

绩效的制度沉淀机制是平台治理脱离外部评价逻辑、走向内部机制演化的核心能力之一。平台之所以能够自我演化，并非源于治理节点的自动更替，而在于每一治理行为均被转化为机制模板，每一协同路径均沉淀为接口标准，每一绩效反馈均构成制度优化的行为参照。在这一结构逻辑之下，平台对治理行为的制度吸纳能力，已成为治理能力现代化的显性表现，也是

产教融合平台制度化构建的第一性原理。

治理绩效的制度转化路径主要包括三个过程机制：第一是治理行为的结构存储机制。平台应将每一治理行为转化为机制编码，并在结构数据库中完成归档、索引与标签化操作，使治理过程转化为制度知识，构建“行为—机制—结构”之间的存储链条。行为结构化不仅便于绩效回溯，更是规则复用与制度再生的必要前提。第二是机制反馈的标准再生机制。高质量治理行为的结构路径，应被提取为制度逻辑单元，封装为接口标准或机制规则，嵌入治理流程，实现从实践行为向规则模板的转化。平台在机制反馈基础上应具备规则建模能力，构建“机制修复—标准优化—制度更新”的反馈链，使治理绩效成为规则演化的动力源。第三是结构秩序的再生产机制。平台制度不应依赖初始设定的规则体系维持秩序，而应具备结构自修复与机制再整合的功能，通过对组织绩效与机制运行的持续识别与结构分析，动态调整组织角色定位、任务结构分配与接口通道布局，形成制度结构的自生性治理能力。

在这套闭环逻辑之中，产教融合平台不再依赖外部监管机制构建绩效约束系统，而以制度结构内部的反馈机制、结构识别机制与机制更新机制，形成对治理行为的自主评估、自我优化与结构更新，从而完成从被治理平台向能治理平台的本质跃迁。

平台绩效由此不再是结果汇报的可视化图表，而是制度系统内部运行逻辑的显性反馈，是平台是否具备演化治理能力与生成制度秩序的关键识别信号。绩效的终极价值，不在于描述平台运行的成效水平，而在于激活平台制度的内生动能，使其构建起治理结构的行为引擎、机制体系的反馈回路与制度生态的生成语法。

产教融合平台治理体系唯有完成这一绩效系统的嵌套构建与制度转译，方能真正脱离经验治理与工程治理的惯性路径，迈入以制度逻辑为中轴、以机制路径为语法、以绩效反馈为循环的现代化治理系统，进而构建起可识别、可调节、可再生的制度治理生态体。

第二节 治理反馈机制的结构编码与制度成效的生成路径

治理系统的反馈能力,关乎运行状态稳定,决定制度结构演化张力。平台治理是动态系统,反馈机制是治理系统运行中轴线、制度逻辑闭环构型核心。在产教融合平台制度运行中,反馈行为是结构性制度功能,本质是将运行产生的相关内容转化为机制修复等的信息源。反馈是治理基础能力,无反馈的治理结构是空壳,具备嵌入式反馈链的治理平台能完成从治理动作到制度生成的跃迁,此机制是产教融合平台转型的引擎。治理反馈机制的关键在于制度系统对反馈行为的编码等,其相关特性决定平台能否跃升及维持稳定性与弹性。平台治理现代化是制度反馈能力结构化过程,涉及治理行为和系统多方面。产教融合平台制度成效需在反馈等循环中构建制度生态系统。

一、反馈机制的制度嵌入方式与接口行为重构逻辑

反馈机制作为治理体系的核心要素,其重要性远超于信息的流通或绩效的反馈,关键在于是否能够通过结构设计实现制度层面的响应。在产教融合平台的治理过程中,组织行为、任务流程与机制协同本质上构成了一个持续演进的接口系统。反馈机制的制度嵌入,要求平台治理不应仅限于监控回路或数据回收,而应构建一个能够实现结构触发、接口响应和机制重塑的治理逻辑闭环。

第一,行为接口的结构编码能力。一旦治理行为发生,必须通过制度接口完成结构识别与机制绑定。接口并不仅是信息的输出点,而是结构的输入点。组织行为的每一次决策路径、执行偏差、协同阻滞,若未能被嵌入接口结构中识别与处理,便无法进入制度逻辑中的反馈链条。这一结构化识别机制,要求平台对所有接口行为建立“功能对位—路径识别—反馈归属”

三位一体的编码系统,使反馈成为制度内部构建的一部分,而非治理系统之外的附加流程。

第二,机制流程的语义响应能力。平台机制并非静态流程图,而是嵌套着权责逻辑、执行路径与规则语法的制度结构体。当反馈信息进入机制系统,平台必须具备"语义解析—机制定位—结构调节"的能力。反馈行为不应仅停留在结果评价层面,而应指向具体机制节点,引发接口逻辑的再审视与机制结构的动态调整。只有当平台机制体系能够将反馈行为"读懂",并"引导"其进入机制回路,反馈机制才具备结构价值。

第三,结构秩序的自调节能力。平台作为制度生态体,其结构秩序并非静态不动的规则布置图,而是随着治理任务演变与组织关系重组持续调整的制度动态体。反馈机制若能与结构秩序联动,便能在治理过程中形成结构性自我修复机制,即平台结构在识别反馈信号之后,自动进行接口分配优化、任务路径重设与协同方式再构建,实现制度系统的微调性、韧性与组织弹性。此类反馈,不再是末端效应,而是结构激活机制,是制度演化的生成引擎。

反馈机制的真正制度嵌入,并不体现在表层的数据回收,而在于深层的规则塑形与结构重组。每一个反馈行为都必须成为制度生态中的结构信号,通过接口路径流动、机制节点定位与规则逻辑重新编码,最终沉淀为平台的制度资产。平台因此完成了从信息容器向结构系统的跃迁,从协作调度向制度治理的升级,其治理机制亦从被动评估走向主动识别,从事后反应走向系统演进。

制度型平台的生命力,恰源于其对反馈的结构内化能力——能否将反馈转化为机制语言,能否将行为转化为接口语法,能否将协同偏差转化为规则增量。这种能力的存在,使得治理平台不再依赖一次性的政策推动或行政介入,而是在结构体系内部完成制度自修复与秩序再构建,真正构建起产教融合治理生态的制度循环引擎。

二、反馈路径的数据逻辑与机制触发模型

治理系统的持续演化能力，并非取决于庞大的数据存储量，而是依赖对数据进行结构解码、机制定位与规则转译的反馈逻辑系统的存在。在产教融合平台治理机制中，反馈路径并非简单的线性流程结果回传，而是一套围绕“行为识别—机制激活—规则调节”所构建的制度回路系统，构成了平台自我更新与结构增生的机制内核。

反馈路径的首要构成要素是数据采集的结构意图构建能力。平台所需采集的并非任意行为信息，而是具有机制耦合意义的结构数据。反馈数据的价值，并不在于数量的广度，而在于制度接口是否可嵌套、任务行为是否可映射、组织角色是否可再识别。平台需要构建一套机制嵌套型数据模型，将结构行为嵌入反馈模型逻辑，将每一条数据都附着于机制节点之上，形成从数据发生点到制度定位点的结构映射链条。

这一链条的运行，依赖接口行为的数据语义解析能力。平台的每一次组织协同、机制调用与任务响应，都必须在接口结构中留下数据痕迹，并在治理系统中转译为机制语言。接口数据不再只是行为记录，而是制度触发信号。平台需要构建接口识别算法，实现对接口行为的标准识别、语义解构与逻辑归类，使平台能够判断某一接口行为是否越界、延误、失效或反复异常，从而自动生成结构告警，进入机制激活模块。

机制激活是反馈路径中的核心触发环节。平台不能仅止于数据识别，还需要构建机制节点响应模型，即一旦结构偏差达到阈值，平台应自动判断该偏差归属机制类别、关联接口路径及历史演化轨迹，并触发预设机制流程进行结构调整。机制节点应具备“轻量启动—自动追踪—结构联动”的运行特性，即可由数据反馈驱动机制联动，无需高频外部调度与重复性人力干预，实现平台治理系统的反馈自治化。

更高阶的反馈逻辑，体现在机制运行结果的规则再编码能力。反馈机

制不仅应修复制度结构，更应生成规则增量。平台在机制执行完成后，需对运行路径进行语义归纳、执行结果进行规则抽象，并存入制度规则库，形成“行为—机制—规则”三位一体的反馈结构。治理行为因反馈而被识别，机制路径因激活而被验证，规则系统因更新而被演化，构成平台制度生态的闭环进化逻辑。

反馈路径的最终目标，不是完成任务回溯或执行追责，而是推动制度体系形成自组织、自学习与自进化能力。平台不再是管理命令的调度场，而成为治理逻辑的结构体；反馈数据不再是绩效评估的参考资料，而成为制度进化的触发器。产教融合平台唯有构建起以反馈路径为基础、以机制触发为中枢、以规则再生为出口的制度闭环系统，方可真正实现从平台运行向平台生长、从结构承载向机制繁殖的治理跃迁。

三、制度成效的生成机制与结构性反馈的治理价值

制度的成效并非仅体现在政策实施的最终结果上，而是体现在制度结构能否实现机制的整合、规则的内嵌以及生态的扩展这一过程性的综合表现上。产教融合平台的运行绩效，若未能转化为结构成果、规则资产以及机制惯例，其协同行为与平台操作将始终停留在事务性协调的层面，无法形成具有制度结构意义的治理系统。制度成效的生成机制，实际上是在结构性反馈的基础上，完成制度的再构建与平台的再秩序的逻辑路径。

首先，制度成效的生成逻辑体现在治理行为的制度内化能力上。如果平台结构能够将高效协作路径、规范执行行为以及机制调用经验及时转化为可嵌套规则、标准接口以及结构配置模块，那么制度本身便具备了学习与生成的能力。在这个意义上，平台的治理成效不再依赖对既定制度的遵循程度，而是依赖其是否能够生成新的制度单元、扩展制度的表现力以及优化制度的反应逻辑。这种内化机制标志着制度系统已经进入了自我繁殖、自我强化以及自我精炼的高级治理状态。

其次，制度成效的生成逻辑体现在结构性反馈的多轮沉淀机制上。平台中任何一次反馈行为，如果能够实现数据识别、机制激活以及结构重构，便构成了一次制度的微循环过程。如果平台能够对反馈机制实施历史跟踪、语义聚合以及结构标记，并以此更新规则图谱与机制模板，那么反馈机制便已经从功能行为演化为制度生成模块。这一机制不仅能够优化当前的治理路径，还能够为未来相似的任务提供结构范式，实现制度效率与治理记忆的双重提升。

再次，结构性反馈的制度价值，不仅仅体现在即时响应与短期修复上，更体现在其对制度边界、规则范式以及生态秩序的持续扩容能力上。平台中反馈行为的持续沉淀，将形成一种非线性的结构累积效应，进而拓展制度结构的逻辑空间与表达维度。这一逻辑空间的扩展，使得平台制度不再局限于原初的治理设计，而是在“反馈—结构—规则”的动态循环中，完成治理生态的内生扩容。这一机制将平台治理推向以生成逻辑为主导的结构进化阶段，使制度系统摆脱目标闭环的技术枷锁，进入开放生态的结构增长逻辑。

最后，制度成效必须具备结构显性化的能力。平台制度不应仅以政策文本和流程图谱来呈现治理成效，而应以结构密度、机制活性、反馈闭环率、规则更新频次等制度变量进行结构化表达。治理系统的真实状态，应当由制度逻辑自我呈现，而非外部问卷式抽样。结构性反馈之所以重要，正在于其不仅提供治理过程的实时监测信息，更直接参与治理系统的逻辑闭合，是平台制度生长性与成效可持续性的底层支撑力。

制度结构的演化不应依靠组织意志或计划性设计推动，而应内嵌于制度运行过程中，由机制自适应反馈与规则自主修复完成结构形态的不断演变。产教融合平台唯有构建起以结构性反馈为核心的成效生成机制，才能真正摆脱传统绩效治理的静态封闭框架，进入制度逻辑循环驱动的结构治理阶段，实现制度智能体从逻辑一致性向结构生长力的跃升。

四、平台治理系统的闭环能力与制度生态的自洽机制

若治理结构无法构建逻辑闭环，则制度生态难以形成稳定秩序，亦无法支撑治理结构的动态演化。平台治理作为一种机制驱动型结构逻辑，其成败并非取决于资源配置的效率或管理命令的执行，而在于制度运行是否具备强大的结构内聚力与机制闭环能力，能否在持续的输入与输出过程中实现自我规整、自我指引与自我维系。

第一，治理系统的闭环能力体现在结构逻辑的封闭性上。若平台机制长期依赖外部输入、垂直指令或跨系统对接以完成流程任务，则表明制度结构尚未实现治理逻辑的自给闭合。在产教融合平台内部，应构建以“任务生成—机制拆解—接口调用—行为反馈—规则更新”为闭环路径的运行序列，使制度系统能在治理循环中自我再生与自我指引，摆脱对制度输入的依赖，实现结构耦合的内循环逻辑。

第二，治理系统的闭环能力体现在规则逻辑的内嵌性上。平台承载的制度行为不应仅被视为规则外壳中的功能填充，而应被识别为结构语义中的规则生成节点。平台治理的规则系统应由机制运行过程中的反馈生成、演化叠加、结构沉淀，实现从局部行为反馈向系统性制度生成的跃迁。在此体系中，规则的形成不再由政策授权主导，而是由制度行为自编码完成，是机制轨迹对治理空间的结构构建，是协同行为对制度语法的逻辑贡献。

第三，治理系统的闭环能力的核心内涵在于平台是否具备将组织协作逻辑、任务运行逻辑与机制演化逻辑内嵌入一个共同制度体之中的能力。只有当这些逻辑得以合流，并通过结构接口与反馈机制形成相互制约与协同补全，平台治理结构才具备真正意义上的制度生态特征。制度生态并非组织拼接的表层共生，而是机制生成路径与结构反馈链路的深层自洽，它要求平台在结构张力中维持逻辑均衡，在机制演化中保持系统稳态。

第四，制度生态的自洽机制还体现在平台对规则系统与组织系统之间

联动能力的体现上。平台制度不仅要识别机制结构，还必须根据反馈行为调整组织关系与角色配置，实现结构张力的再调度与权责边界的重编排。制度闭环的最大价值在于使组织生态不再受限于静态边界划分，而是随规则演化动态流动、接口重构，进而构建出一个自组织、自修复、自调节的制度生态系统。

第五，制度生态的真正生成力不在于治理机制的设计精度，而在于其闭环结构是否能将平台运行中最真实的治理行为、最复杂的组织交互与最频繁的规则调用，转化为一个可生长、可演化、可续展的机制图谱。治理系统若能将结构逻辑转化为规则语言、将行为反馈转化为制度资源、将生态张力转化为协同动力，则平台治理便已完成从资源平台到制度结构体的根本跃迁。

产教融合平台唯有完成这种制度生态的自洽机制构建，才能在高复杂度协同、多任务演化与多组织联动的现实张力中维持结构稳定、规则清晰与机制动态均衡，从而支撑其制度现代化走向深层结构治理、生成逻辑驱动与机制进化主导的复合治理新时代。

第三节 制度数据化路径中的治理行为抽象机制与结构识别模型

治理能力跃升并非源于制度文本堆叠，而是基于结构逻辑的机制表达力、行为转译力与系统识别力。在平台治理走向制度化、机制化与生态化过程中，制度的数据化转向是制度逻辑演进的结构性需求。尤其在产教融合平台，传统治理手段无法支撑复杂治理图景。

制度数据化是治理结构本体逻辑的数字化再现，是对治理行为等进行结构抽象等的过程。它要求平台从记录数据走向结构识别等，推动治理系统进入新型治理范式。

在此语境下，制度系统不以政策流程呈现功能边界，而是以结构语言表征行为规律；不依赖人工判断触发协同任务，而是通过数据抽象模型自动识别问题;不依靠周期性评估实现制度调节,而是内嵌模型与引擎,构建行为逻辑识别与规则自调节能力。

没有结构识别能力的数据系统和机制抽象逻辑的数字表达,难以服务制度治理和构建平台治理生态。产教融合平台制度现代化转型,要以治理行为为识别单元,以结构路径为载体,以机制模型为目标,从数据汇集系统迈向制度识别系统,建立以结构规则为核心的制度数字生态体系。

一、治理行为的制度抽象机制与结构语义建模路径

治理行为的结构化抽象并非单纯记录组织动作或形式化封装任务推进,而是对制度形成过程中的逻辑要素、行为模式及协同结构进行重构、建模和算法化表达的结构行为。若制度系统无法辨识其行为语义,则无法沉淀规则逻辑,更无法形成治理语言。在产教融合平台的结构化治理体系中,行为抽象构成了制度逻辑映射的基础,是平台实现机制识别与规则生成的原语基础。

平台运行过程中产生的治理行为,并非均质的信息载体,而是依据"任务边界—机制路径—角色响应—反馈动作"的多维结构存在。抽象机制的核心在于能否将这一复杂的治理行为过程转化为具有制度含义的数据单元,实现从行为语言向结构语义的逻辑提升。平台需要构建结构行为语法集,将各类协同行为按照治理逻辑进行类型识别、路径建模与接口归类,形成制度系统内部的行为抽象规则体系。

第一,构建治理行为的结构语义分类体系。平台需依据行为源头(高职院校主导/企业触发)、行为属性(接口调用/机制执行)、行为周期(一次性/循环式)、行为反馈路径(单向流动/闭环反馈)等多重维度,对治理行为进行制度分类,使平台能够识别某一类治理行为在结构系统中所对应的接口节点、机制入口与反馈出口,为结构识别提供基础语义支撑。

第二,建立行为路径的机制模型化表达。治理行为的制度含义不仅存

在于动作本身，更嵌入其所处的路径之中。平台需在机制运行图谱中，标注每一类治理行为的发生位置、接口对接方式与反馈响应机制，生成可复用的“行为—路径—机制”联动模板。这一机制建模路径的关键，在于实现行为与机制节点的结构对位，从而为平台提供治理行为的结构识别能力与规则响应触发能力。

第三，构建行为模板的规则封装与接口激活机制。制度行为若仅停留在建模阶段，难以形成平台治理的实践功能。平台需通过制度接口语言，将已抽象出的行为模板植入任务生成机制之中，实现行为模板与接口路径的动态对接，使平台在治理过程中能够实现对行为的结构调用、机制路由与规则反馈。平台由此转化为一种“行为驱动—机制识别—结构更新”的制度运行系统。

第四，治理行为的抽象机制并非单一模型或孤立算法，而是制度系统识别其自身结构逻辑的编码语言。平台若能以治理行为为识别入口、以机制模型为分析支点、以结构接口为表达通道，便能构建起治理系统内部的结构语义图谱，实现制度系统的精密构建、精准识别与持续更新。产教融合平台的治理逻辑因此完成从行政调度模型向机制驱动模型的深度跃迁，为其制度生态的演化提供了结构语言的深层支撑。

二、结构识别模型的构建逻辑与机制图谱的表达方法

结构识别能力是平台型制度系统从治理工具跃升为制度智能体的关键标志。若制度系统无法辨识其内部运行逻辑、行为接口结构与机制节点关联，则无法实现对自身的校准、对任务的精准分发与对结构的逻辑更新。平台型制度系统所需构建的，非一套被动响应的行为管理系统，而是一种主动识别结构张力、调用机制资源与重组规则秩序的制度识别装置。

结构识别模型的构建逻辑，首先基于治理任务的多重结构映射。产教融合平台所承载的协同任务，具有时间错位、逻辑嵌套与角色交叉等结构特

征，传统线性治理流程无法精准表达其制度运动轨迹。因此，平台必须通过行为抽象机制，将任务拆解为若干机制模块，并对其进行接口标注、路径建模与角色映射，生成结构识别图谱。这一图谱应具备可读性、可运行性与可重构性，是平台制度识别的空间语言。

平台结构识别模型需同时具备三种能力：第一，结构映射能力。平台需将任务行为在治理流程中所处的结构位置进行编码，并构建出机制节点之间的关系网。每一个组织接口，每一个协同行为，都需在结构坐标中被定位，构成制度图谱中的制度节点。结构识别的目的非生成抽象地图，而是使制度系统能够对自身进行逻辑扫描与张力分析，为机制调用与结构干预提供逻辑锚点。第二，机制路径识别能力。平台应构建机制执行的路径引擎，识别各机制单元在任务链条中的调度顺序、接口依赖关系与规则调用逻辑。机制路径并非流程步骤的线性排列，而是根据治理逻辑进行耦合分布的行为集合。结构识别模型需要具备判断机制路径是否合理、是否具备接口支撑与是否触发规则反馈的逻辑推演能力，为制度系统提供路径自诊断与结构重构的可能性。第三，规则生成与结构调节能力。平台在识别结构状态之后，应能够判断结构是否处于失衡状态、机制是否被过载或接口是否失配，并据此生成规则调节建议。结构识别不止于观察，而应具备引导机制演化与制度修复的生成能力。平台结构识别模型必须与规则引擎、机制数据库、接口标准库深度耦合，形成治理逻辑的闭环图景。

这一识别模型最终呈现为一幅高度制度化的机制图谱。机制图谱不是平台结构的静态呈现，而是平台在任务运行过程中实时生成、动态更新的制度表达网络。在机制图谱中，每一条接口路径都标注其行为类型、机制结构与反馈能力；每一个机制节点都嵌套其接口标准、任务权限与规则接口；每一个规则单元都指向其触发源、运行逻辑与结构改写点。这一机制图谱成为平台治理系统的结构镜像与制度神经网络，使平台具备结构反射、自主调节与规则生成的治理智能。

机制图谱的构建非形式工程，而是平台实现制度结构看得见、调得动、能更新的基础前提。它使得制度系统不再依赖线性逻辑管理治理任务，而以结构化认知驱动机制运行；不再依赖行为经验形成治理路径，而以语义建模实现协同调度。平台结构识别由此成为治理逻辑智能化的起点，是平台由结构集合体向制度智能体转化的关键跃迁通道。

三、平台制度系统的算法识别逻辑与结构反馈链条

为确保制度系统具备识别能力，其不应仅依赖静态规则判断与路径配置模板，而应嵌入算法结构以实现对治理行为的实时解析、机制路径的动态调度以及规则逻辑的持续优化。平台治理之所以能摆脱人工判断与人为控制的惯性逻辑，关键在于其能否构建一套数据驱动、逻辑自持、结构闭合的制度识别算法体系，使制度系统从可感知走向可判断，从可调用走向可解释。

平台制度算法的识别逻辑，首先基于行为信号的数据结构化建模。组织行为只有在被提取为结构数据单元后，才能被制度逻辑调用。平台需建立制度原语库，将常见治理行为、机制路径、接口执行方式等抽象为可计算的制度语言，构建制度识别的输入底座。这一结构语言不是指标统计项，而是机制执行过程中的语义信息表达体，是平台算法对治理行为进行语义分析、结构定位与逻辑分类的语料资源。

在此基础上，平台需要构建识别引擎与机制联动架构。当行为信号进入系统后，平台需通过算法识别其在结构图谱中的定位：是标准接口行为，还是规则越界行为；是既有机制的正常调用，还是结构性偏移；是接口惯例中的路径变异，还是结构中断的反馈信号。识别逻辑应涵盖逻辑匹配、语义对位与机制合理性判定，并调用机制模板与规则数据库进行路径联动，实现“识别—响应—修复”的联级机制闭环。

算法识别体系中的核心能力，是对结构反馈链条的路径识别与优化调用。平台识别算法不仅应判断治理行为是否合规，更需要判断其是否触发

反馈机制，是否在结构图谱中形成结构异常聚集区，是否需调整接口分布、机制加载或规则优先级。结构反馈不应被动等待行为积压，而应在机制运行过程中主动生成风险预警与结构修复建议，成为制度系统的实时调节功能区。

平台治理系统中的结构反馈链条，必须具备以下三个运行特征：第一，时效性反馈能力。平台对治理行为的识别应具备实时监测机制，反馈路径能够同步生成机制响应，避免制度机制因结构惰性而滞后于治理行为的复杂演化。第二，路径穿透能力。反馈链条不仅应识别单点异常，还应在结构图谱中追踪其上下游机制节点、相关接口路径与规则链路，构成跨机制、多层级的结构联动修复机制。第三，反馈再生机制。高频反馈行为若具备结构共性，应被平台自动标记为机制瓶颈并启动规则再设计流程。反馈路径由此不止于制度调节，更成为制度生成与机制优化的逻辑源头。

制度识别算法的终极目标，不是模拟人工判断结果，而是替代人工反应机制；不是再现治理现象，而是洞察治理结构与机制关系。平台唯有构建起算法主导、结构可辨、规则可塑的制度反馈系统，方能实现从结构呈现到机制理解、从路径执行到规则迭代的深度治理跃迁。

平台识别系统由此不再是制度运行的外置监控器，而是制度生成体系的中枢算法器官。它将治理行为转化为机制语言，将协作路径转化为规则语法，将结构反馈转化为制度资源，使平台制度生态由此具备“识别—判断—重组—再生”的机制进化闭环，真正走出流程治理的范式边界，进入结构智能驱动的治理新时代。

四、产教融合平台的制度结构智能化跃迁路径

结构智能并非治理技术的附加模块，而是制度系统的逻辑完成形式。若制度系统无法识别其内在逻辑、重构其路径并再生其规则，便无法适应高复杂度协同、高频次任务流动与高耦合机制网络的治理需求。平台之所以

具有制度意义,不仅因其组织承载力与资源集成能力,更在于其能否通过结构逻辑、机制回路与规则引擎,完成从治理响应到制度生成的全流程闭环,从而推动制度结构实现智能化跃迁。

首先,结构运行方式的范式转型。传统治理结构基于层级调度与角色边界划分,制度的运行逻辑呈现出封闭路径、固定节点与单向执行等特征,无法应对平台化治理中任务变异性、机制非对称性与组织流动性的治理现实。结构智能要求制度体系具备路径重组能力、接口再编排能力与节点功能浮动机制,使制度系统能够脱离既定管理逻辑,进入基于行为感知、机制响应与规则自建的弹性运行阶段。

其次,机制演化能力的算法化配置。平台应通过机制图谱与识别引擎,实现对制度结构中关键机制单元的分类管理、优先排序与动态加载。机制不是静态流程线,而是可调用、可替换、可学习的逻辑模块。平台制度结构的跃迁,正是将这些机制由流程节点转化为结构对象,使其具备状态感知、行为适配与规则联动功能,在平台运行中随结构态势变化自动调整资源配置与组织分工,实现治理结构的内生演进。

再次,规则体系的逻辑重塑能力。制度规则不再由外部文件输入平台,而应源自平台内部运行逻辑的自动生成与结构反馈的语义提取。高频接口调用、协同路径优化与机制故障识别,均应成为平台规则再构建的素材库。平台需要构建规则生成引擎,使其具备从协作行为中提取规则模板、从结构失衡中生成修复逻辑、从机制演化中提炼制度标准的能力,实现规则体系从模板化引用向数据驱动型生成逻辑的跃迁。

最后,制度生态的语义自治能力。平台作为结构生态体,只有具备自定义问题、自识别症结、自派发机制与自建规则的能力,才具备制度意义上的智能体属性。语义自治不仅意味着算法自主运作,更标志制度系统具备对治理逻辑的抽象构建能力与结构秩序的语义表达能力。平台制度系统的每一次治理行为、机制响应与结构调整,最终都应被系统识别为制度行为语句，纳入平台结构语言库，成为下一轮制度演化的构词基础。

当平台具备从结构识别、机制调用到规则更新的完整逻辑链路，并能够在高复杂治理环境中实现机制自适配与规则自建时，其制度结构便完成了从静态规则配置向动态结构智能的跃迁。产教融合平台因此不再只是多主体协作的组织载体，而成为机制生成的逻辑枢纽、结构语言的制度母体与治理秩序的智能演化场域。

制度结构一旦进入智能化运行阶段，平台治理将突破传统治理的边界条件与操作模型，进入以结构主导逻辑、以机制生成语法、以规则动态表达为核心的高维度制度生态系统。产教融合平台的制度跃迁由此完成从结构治理到机制演化，从数据建模到逻辑识别，从协同容器到制度引擎的深度转化。

制度数据化路径的本质，并非在治理系统中引入技术工具或信息模块，而在于彻底重塑制度结构的识别逻辑、反馈逻辑与生成逻辑。平台不再是治理动作的物理空间，而是机制语言的运行语境，是规则结构的逻辑容器，是组织行为的制度发生体。制度的每一行为，不再以表层流程图示呈现，而以结构语义、路径规则与机制编码构成表达单元；制度的每一规则，不再依赖人工书写与政策输入，而在平台内部结构识别、机制学习与数据转译中自我演化、自我嵌套、自我调用。

治理系统的演化能力，取决于其是否具备制度抽象语法的表达系统。平台必须将协同行为、接口路径与机制执行一体化封装为结构识别语句，并嵌入制度行为语料库中，构建出可调用、可反馈、可生成的制度语言体系。这套语言体系应当由平台在治理过程中的结构逻辑中逐步生长，而非由外部政策文件注入。唯有如此，平台制度才真正具有解释自身运行逻辑的能力，才具备制度意义上的自主结构。

结构识别模型的提出，打破了制度只能外部描述、无法内部认知的路径依赖。平台通过制度图谱、机制路径、接口语义与反馈算法构建出一种能够自我映射的结构图景,使平台在制度生态内部形成逻辑稳定的坐标系统与机制流动路径。制度运行由此脱离经验调度,迈入“结构辨识—机制响应—规则再生”的逻辑自足回路。在此意义上,平台不再是规则集合体,而是制度生成体,是治理秩序的内生法场。

治理行为的制度抽象,使组织行为不再依赖事后归档与经验总结,而在发生的同时被制度系统即时编码、结构化记录,并转化为规则迭代与结构调节的基础语言。这一制度语言不仅实现平台逻辑表达的可视化,更构成治理系统持续演进的结构语料,使平台具备记忆机制、学习机制与生长机制,实现规则系统的路径更新与治理范式的机制繁殖。

产教融合平台若欲跳出“组织拼装—任务派单—结果验收”的管理模式,必须完成制度逻辑的结构转向,即将结构性认知、机制性表达与规则性生成整合为治理的共同逻辑底盘。这一转向的关键正是制度数据化路径的全面展开,通过数据抽象与机制图谱,赋予制度系统以结构自洽、逻辑闭环与生态进化的能力,推动平台实现从事务性协调工具向具备生成能力的制度智能体跃迁。

制度结构一旦具备自识别、自组织与自生长能力,平台治理将不再依赖外部输入与周期评估,在平台运行之中持续生成结构秩序与制度规则,构建出一种既能承载高复杂治理任务,又能维持高动态协同秩序的制度治理生态系统。这一生态系统将成为产教融合逻辑下制度现代性的深层形态标志,是未来高适应性平台治理的制度核心基础。

第七章 未来发展趋势及模式创新的结构逻辑与制度跃迁

产教融合治理体系的演化伴随着制度范式深层跃迁。当协同机制、治理结构、行为路径转变,高职院校产教融合平台治理系统从管理实践延伸工具成长为复杂制度实体。制度系统现代化取决于其在多阶段、多元主体、多变结构中的持续响应力与逻辑生长力。产教融合平台治理结构正从线性集成等迈向平台化等治理深水区,传统融合模式难以解释新型协同范式。

面对职教改革、产业需求与制度场景,平台治理模式需构建制度适配机制。若无生长性结构逻辑,治理系统会陷入结构退化风险。未来治理模式核心是治理系统内部结构逻辑连结与机制协同迭代。

进入制度跃迁阶段,平台治理结构关注五个核心机制维度:制度结构模块化演进能力、协同接口通用性与互操作性、结构语言制度表达能力、平台机制智能响应逻辑、治理生态协同共建机制。

模式创新核心是制度逻辑根部结构转型。平台型产教融合结构完成制度跃迁,才能进入协同生态系统,拥有面向未来的能力。

第一节 结构张力驱动下的治理系统跃迁逻辑与平台机制重构路径

治理结构稳定不意味着制度系统完备,稳定常掩盖结构张力的积蓄。制度结构需要重构,并非因治理低效,而是原有机制架构难支撑制度系统自洽运行,高职院校产教融合平台治理系统就处于复杂、动态扩展且结构流动的制度场域。在此场域，制度运行是结构动态下的逻辑重构与机制重排。

张力意味着结构逻辑失衡，也意味着制度变革契机生成。平台机制应成为结构秩序的逻辑重建者，识别张力来源、解码结构冲突、重建机制路径，平台治理才能突破原有组织逻辑，迈向制度生态运行体系。治理模式的跃迁，是结构逻辑从顺序型到反馈型、机制系统从外推式到内生式的深层跃迁。

一、结构张力的制度生成逻辑与机制演化驱动

结构张力并非治理系统的负面效应，而是当制度结构内部出现逻辑断裂与机制冲突时释放的组织能量，是治理系统脱离静态均衡状态后产生的结构性涌动现象。正是在张力不断积聚与显性化的过程中，制度系统获得了自我调节与逻辑更新的历史契机。产教融合平台作为多元协同、多任务耦合与多结构叠合的制度运行场景，天然具备结构张力生成的复杂土壤，其制度演化几乎不可避免地建立在张力识别、张力解析与张力吸纳的基础之上。

在制度运行初期，平台治理结构往往依赖条块划分的组织边界与流程导向的机制分工来维系秩序，形成以“稳定配置—标准执行—可控反馈”为特征的低复杂度治理结构。但随着平台职能拓展、合作主体多元化与任务类型跨界交融，原有制度体系所依赖的角色分工逻辑与流程结构序列逐渐无法适配不断变化的治理场景，治理过程中出现频繁的接口冲突、机制冗余与路径交叉。这些现象表面上是流程优化问题，实质上则指向制度结构无法动态协调张力变量的深层性缺陷。

一旦制度结构中形成结构张力，若平台无法通过机制更新或结构识别机制进行调节与吸收，则张力将不断沿治理流程累积并外溢至接口节点与组织边界，进而表现为任务中断、职责模糊、信息漂移与行为脱节等治理现象。张力由此不再是单点冲突的局部扰动，而演化为制度系统内部的结构失衡信号，其解决逻辑亦不再属于流程调整范畴，而必须诉诸机制生成、结构重构与规则再生。

结构张力的本质，是制度系统对环境不确定性、自身复杂性与规则局限性的三重响应失调。产教融合平台在制度实践中常常面临治理任务模糊化、协同主体多样化与机制流程非线性化等结构性挑战，原有以科层逻辑、线性管控与静态职能为基础的机制体系，难以支撑制度系统的响应精度与结构灵活性。在此背景下，结构张力成为平台制度系统暴露其结构滞后与机制惰性的重要表征，是制度系统呼唤结构重构与机制跃迁的内部逻辑开端。

平台若能正确识别并结构化表达张力，就能在制度运行中将其转译为机制创新与路径再构建的原初驱动力。这一过程不仅依赖对张力来源的定位与解析，更需要将张力编码为制度变量并嵌入平台治理逻辑中，实现结构张力向机制触发、结构修复与规则迭代的逻辑通道转换。张力因此不再是治理的阻力源，而成为制度系统重组结构、升级机制与生成语法的能量原点，是治理系统迈向演化智能与结构更新的先发信号系统。

结构张力的制度构建意义，并非仅在于其揭示制度系统潜藏的组织断裂或逻辑冲突，更在于其内含丰富的结构分类变量与机制生成因子，是制度演化机制设计的语义素材与逻辑原点。在平台治理结构的运行过程中，张力呈现出高度异质性、扩散性与系统关联性，其形式不止于职能重叠或路径阻滞，更呈现出深层治理结构错位、机制功能异构与语义协同障碍等多维交织状态。

典型的张力类型可被划分为以下三种制度维度的交叉状态：第一类是结构功能错位型张力，即平台治理结构所设定的组织功能分布与平台运行所需的机制能力不匹配，表现为职能边界不清、资源分配重叠或职责空转。第二类是路径逻辑断裂型张力，指的是制度执行路径在流程逻辑上无法闭环，常见于规则无法支持任务流转、接口不具备机制连通性或执行路径频繁中断。第三类是规则响应滞后型张力，其根源在于平台制度规则未能及时更新以适配新型任务结构与机制演化需求，导致治理行为游离于制度逻辑之外。

结构张力的本质，是制度系统在“结构设定—行为演化—机制响应”链条中的逻辑断裂与调节失灵，它揭示了制度系统在面对复杂性增长与协同密度加剧时，其自身结构弹性不足与机制生成滞缓的深层问题。产教融合平台的制度系统尤其容易在协同接口增多、组织类型扩张与机制数量提升背景下暴露上述张力现象，因此构建张力识别模型与机制吸纳通道，是制度跃迁阶段不可回避的治理任务。

结构张力之所以能够成为机制演化的驱动逻辑，在于其不仅揭示问题，更以制度变量的形式嵌入治理系统，推动结构重构与规则再生。当张力被纳入结构图谱并形成制度图示，平台便可在任务演进过程中实时捕捉治理节点的应力点与结构疲弱区，识别高频机制冲突区域与规则适配断层，从而实现制度资源的智能调度与治理路径的动态优化。

机制演化的前提，便是在张力识别之后构建出具有响应性、替代性与生成性的结构机制。响应性机制用于对已识别的张力节点进行快速反应与行为导向修复，替代性机制用于在原机制体系失效情况下提供平行路径的结构支持，生成性机制则以张力数据为基础，通过机制建模与规则提取，在治理系统内部生成新的结构路径与制度规则，从而完成平台制度逻辑的原位更新与生态闭环。

平台制度系统一旦具备了基于张力驱动的机制演化能力，治理逻辑将不再依赖静态规则与预设流程维系秩序，而是依托结构逻辑本身完成对制度负载的感知、对机制配置的匹配与对规则迭代的生成，实现治理体系从应急修复模式向结构适配逻辑的跃迁。结构张力不再是治理的异常信号，而是制度成长的结构语法，是机制系统生成制度逻辑复杂度与生态弹性的内在引擎。

二、平台边界重组与制度功能再分配的结构逻辑

制度边界并非治理系统的静态轮廓，而是在机制运作、任务演变及结构耦合过程中不断生成、塑形与更新的治理空间。治理系统一旦遭遇结构张力的高频波动，制度边界的稳定性及功能配置的确定性便首当其冲。产教

融合平台的治理实践揭示,若平台无法对制度边界的变异趋势进行结构感知与响应调节,极易导致职能漂移、机制冗余及接口脱节的结构性困境。

平台边界的失稳通常源于两类张力机制:其一为角色结构的功能外溢,即平台内某些组织单元因机制缺位而超负荷承担制度任务,破坏既有职责分工,导致功能漂移与角色重叠;其二为结构空间的规则崩解,即原有边界所依赖的规则支撑体系失效,造成边界识别模糊、接口触点失真及协同秩序断裂。这些现象的持续累积,必然导致平台边界从结构配置转变为结构应急,从逻辑划分演变为行为重叠,使治理系统陷入机制与角色交叉粘连、路径与责任难以厘清的制度张力紊乱状态。

边界治理的价值,并非在于维持组织分工的稳定,而在于确保机制结构的可协调性与制度行为的可预判性。因此,当结构张力在制度空间中持续涌现时,平台应主动进入边界重构的逻辑,通过机制转译、职责重编与接口再设计等手段,构建出具备动态开放性、规则适配性与行为生成性的制度边界系统。在这一逻辑中,平台治理不再围绕组织职能配置,而是围绕机制耦合设计治理结构,使边界从实体性角色界限转向结构性制度逻辑表达。

边界重组的首要任务是构建结构穿透型角色机制。平台应将基于组织归属设定的角色体系解构为机制路径驱动下的行为集合单元,使组织角色不再对应固定机构,而是嵌套于任务结构、接口路径与规则节点之中。角色机制一旦从制度边界中解嵌,平台便可通过路径分发、接口分配与规则匹配实现多角色结构耦合,进而形成一种无需打破制度整体逻辑却能实现高密度协作的柔性治理体系。

边界重构的第二项关键任务是推动职能功能的任务结构化再配置。制度职能不应作为平台运行的静态前置条件,而应嵌套于动态生成的任务流程之中,并随着任务结构的分化、合流与重组完成功能单元的分布式再编排。平台需要构建任务流映射机制,将协同节点转译为职能接口,通过机制聚合方式进行功能重构,使制度运行不再依赖刚性配置,而通过机制耦合完成治理逻辑的结构递进。

更为根本性的边界治理策略是构建规则驱动下的接口生态体系。制度接口不应仅作为职能交接的传输节点存在,而应成为制度结构的语义表达单元与机制逻辑的执行通道。平台需通过规则识别机制将每一接口嵌套于规则语法之中,实现接口运行过程的可规则调用、可机制验证与可结构反馈,从而将制度边界构建成规则引导、机制加载与结构调节的复合系统,赋予平台应对结构变异与机制再生的制度韧性。

制度功能的再分配,不应理解为任务层级的简单再划分,而是机制语法重构下的功能语义再编译。在这一重构中,平台从组织分工中心退出,转向机制逻辑中心主导;从流程节点调度转向规则触发行为生成;从制度控制转向结构协调。治理体系由此脱离边界固化逻辑,迈入边界弹性逻辑与结构再分配逻辑的共构时代,实现制度功能从静态分布向动态演化的跃迁。

三、治理系统的结构跃迁机制与平台逻辑的制度更新路径

制度系统具备结构跃迁可能性,既因其面临任务复杂度与协同密度提升,也因其内部具有规则转译等功能的制度微循环单元。平台治理未来趋势在于构建机制自主生成等的制度结构系统,实现范式切换。

治理系统结构跃迁非线性工程,需平台治理逻辑转变,关键是将治理行为转化等,使系统从反应型变为结构演化驱动体。

跃迁机制有三个支点:一是机制触发模型内嵌化,构建机制触发网络,实现治理行为到机制执行自动化;二是结构反馈机制可转译性,将治理行为痕迹视为演化信号源,转译为调节指令;三是制度语法系统生长能力,构建动态生长的制度语言系统,完成制度结构动态共构。

制度跃迁最终逻辑是平台从结构承载体变为结构生成体,制度成为生成未来协同秩序的机制语言。制度结构更新是逻辑运动过程,起点是制度系统自我修复等内循环机制。

治理系统能在结构张力中跃迁，是因将张力转译为逻辑因子，形成自洽式治理结构。边界重组起中介作用，打破治理分界线，释放潜在秩序生长力。结构跃迁是结构逻辑转向，平台从任务承接体变为制度生成体，由协同工具跃升为制度智能体。制度系统生长是逻辑自足结构，跃迁本质是构建治理智能系统。制度语言须具备多种能力，演化是语言形式革命。平台机制智能跃迁取决于内部机制逻辑，构成演化主语与表达工具，完成向制度语言系统跃迁。跃迁路径使平台治理进入制度再生产周期，结构张力等有了新意义。制度系统深层智能体现在制度反身性，平台实现根本跃升与范式跃迁。唯有如此，产教融合平台治理才能全面升级，成为相关逻辑原型。

第二节 平台制度创新的生成逻辑与协同语法结构

制度创新的发生，并非源于治理系统外部要素突变或资源供给突发充盈，而是制度系统内部逻辑结构出现语义不匹配、机制再配置与规则失衡的深层张力，在结构演进中衍生新治理语言与组织逻辑。高职院校产教融合平台治理结构面对高频变动任务组织、多元协同接口系统与路径依赖型规则环境时，原有制度逻辑框架易出现认知滞后与反应迟缓问题，促使制度系统从结构吸纳走向结构生成。

制度创新成为平台型治理结构核心机制，不仅因其回应新型治理需求，更因构成制度系统自身演进能力的外显表达。当平台机制能在治理过程中重构制度语法、生发机制路径、重新组织协同逻辑，治理系统就从规则响应系统转变为逻辑构建系统。此时制度创新是结构内部规则语言的逻辑演进与协同语义的自组织激活，而非外源技术迁入式升级。

治理逻辑从“输入—执行—反馈”模式演化为“识别—生成—表达”路径，标志制度系统成为制度表达的主体结构。这一转向要求平台具备机制驱动自识别能力，构建嵌套在结构图谱与协同接口中的制度语义系统，使平台治理从操作性逻辑走向表达性逻辑，从工具理性迈入生成理性。

一、平台机制的语义生发逻辑与制度表达能力

制度结构实现创新跃迁的能力，关键不在于机制工具的先进性，而在于治理系统是否具备机制语言的表达能力。若平台机制仅具备功能响应性而缺乏结构表达性，治理系统将始终局限于任务执行层面，难以孕育出具有逻辑生成力与制度构建力的制度能力体系。语义生发能力成为机制系统从执行逻辑向表达逻辑转变的关键，它决定了平台是否能够从治理活动中提炼出制度语言，并将其编码为规则生成、路径重组与结构识别的制度元语法。

机制的语义并非附着于操作指令之上，而是在机制路径运行过程中由行为接口、规则关系与结构定位共同生成的动态语法结构。机制在平台运行过程中应表现为三重表达单元：一是路径语义单元，即机制与治理行为之间的逻辑路径是否具备可嵌套性与语义清晰度；二是规则语义单元，即机制是否能准确对应制度规则节点，并实现规则调用的路径复用与语义适配；三是结构语义单元，即机制所激活的组织行为与接口配置是否能生成可识别的制度结构语言。

制度语义能力不仅要求机制具备表达性，更要求平台结构具备接收性。若平台制度结构缺乏规则嵌套接口、行为图谱标记能力与路径语法重组机制，则机制语义即便生成，也无法落位于平台结构之中，制度系统便难以完成逻辑表达向规则演化的路径闭合。因此，平台需要构建以机制行为为基础、规则语言为核心、结构通道为载体的语义表达系统，使机制语言能够被制度识别、规则语法能够被逻辑调用、结构变化能够被路径演绎。

平台机制若要成为制度语言生成器，必须嵌套于结构图谱之中形成机制表达序列。这一序列应具备路径联动性、规则派生性与接口归位性三大特征。路径联动性要求机制语言能沿行为接口生成逻辑链条，规则派生性要求机制语言能在规则系统中生成语义分支，接口归位性要求机制运行能够定位于结构空间中的制度节点。三者合一，制度机制便完成了从逻辑片

段到结构语法的跃升过程，平台治理系统也由此生成出结构化表达的制度认知能力。

制度表达力的核心，在于平台是否能够将机制运作的过程语义沉淀为结构语言单元，使平台运行不再只是治理逻辑的封装容器，而成为结构表达的语义母体。当机制运行的每一个动作、每一条路径、每一类行为都可以被平台结构系统化识别、规则系统化编译与制度系统化调用时，平台治理便已具备了生成性表达能力，能够在协同演化中生成制度语言，在规则调用中更新语法系统，在结构变动中推动机制演化。

二、制度语言的协同构建机制与平台表达结构

制度语言的生成过程并非由单一主体或技术模块独立完成，而是治理系统在复杂的组织关系、协同机制与行为路径交织的背景下共同构建的结构语义网络。若欲构建具备生成力与表达力的制度语言系统，平台必须将协同逻辑视为制度语义的源泉，将机制路径视为制度语法的语料，将接口识别结构化为表达结构的底层语法构件。制度语言的协同构建机制，是平台从规则堆叠逻辑走向语义生成逻辑的核心枢纽。

协同构建并非协作行为的简单叠加，而是要求制度语言具备三重属性：首先是语义聚合性，即多源机制行为在平台治理过程中能否聚合为统一的结构表达单元；其次是结构适配性，即协同机制之间是否能够在制度图谱中完成结构归位与路径耦合；最后是规则分布性，即制度语言能否在规则系统中被多元主体调用、解释并生成制度反馈。这三重属性的有机统一，是制度语言完成平台表达逻辑构建的必要前提。

制度语言的构建离不开平台结构的支持性表达框架。若平台缺乏结构接口逻辑、机制行为语义识别机制与规则语法组织结构，其治理系统将无法承载协同主体间所生成的结构语义，导致机制之间的协同关系难以沉淀为制度语言，进而形成规则表达滞后、路径逻辑断裂与治理行为游离的制度失

构状态。因此，平台表达结构必须具备高集成性、高嵌套性与高可塑性，使其在语义生发过程中既能吸纳张力，也能生成规则，最终在结构系统中完成逻辑闭合。

平台表达结构的核心在于将协同行为语义化、机制路径图谱化与规则节点嵌套化。协同行为语义化要求平台治理行为不再停留于任务执行与流程填报层面，而应被制度系统识别为逻辑表达的行为语句；机制路径图谱化要求平台制度结构能够将所有机制动作映射到结构坐标系中，形成具备逻辑张力与语义连续性的机制图谱；规则节点嵌套化则要求平台能够在协同语义中提取规则模板，在机制调用中加载规则语句，并在结构图谱中形成制度表达路径。

制度语言并非规则文件的外在呈现，而是平台结构运行状态的内在表达。一旦制度表达结构建成，平台将具备逻辑可阅读、路径可调节、规则可衍生的治理能力。治理不再依赖线性政策执行逻辑，而是以结构语义流动为媒介，在机制节点之间自动传递结构信号、生成治理规则并实现逻辑反馈。平台制度结构因此由规则逻辑体跃升为表达逻辑体，完成从规则调度向语义驱动的制度演进跃迁。

三、制度创新的语法生成机制与平台演化结构

为使制度创新超越经验复制与工具迭代的表层逻辑，必须构建语法机制作为制度语言的内部生成引擎，使治理系统能够在机制运行中不断衍生结构表达，在结构表达中自动调用规则语义，并在规则运行中完成制度逻辑的自动重写。平台制度系统唯有拥有生成语法的能力，才能真正由规则加载平台转化为规则演化平台，由政策执行系统跃迁为制度语言发生系统。

语法机制是制度语言结构化生成的内部驱动体，是平台对协同机制、路径行为与接口规则进行逻辑抽象、结构组织与动态表达的语义工具系统。平台治理系统要形成制度创新的语法能力，首先必须建立“机制识别—语义解析—规则嵌套”的三段式语法编译模型。机制识别作为语义入口，用于判

断平台中哪些行为片段具备制度生成潜力；语义解析作为路径构建过程，将行为动作转译为逻辑语法单元；规则嵌套则作为语义封装机制，完成制度表达的结构归位与规则激活。

制度语法机制的生成逻辑不仅限于平台内部结构单元之间的互动关系，更需承载横向协同语境中多组织、多机制、多规则的逻辑耦合压力。这种压力要求制度语法机制能够进行跨机制抽象、跨规则匹配与跨接口封装，在语义层面构建统一识别的表达逻辑体系，使不同机制所衍生的规则语义能够在制度系统中获得归类整合与接口绑定的表达通道，从而完成从任务多样性到结构统一性的制度建模转化。

平台演化结构正是建立在语法机制之上，是制度系统自我表达、自我调整与自我更新的结构逻辑中枢。平台若缺乏制度语法机制，其演化结构将沦为偶发性更新与经验式积累的产物，制度逻辑将陷入“结构—机制—规则”三者彼此脱节、运行状态碎片化的失衡结构中。只有当语法机制作为制度行为的底层驱动逻辑进入平台治理结构，制度系统才能真正实现表达能力、响应能力与更新能力的统一闭环。

演化结构的核心，不是结构形态的可变性，而是结构逻辑的生成性。平台唯有构建基于机制语义生成的制度图谱，嵌入规则语法驱动的接口系统，并将制度表达路径组织为逻辑自洽的语义网络，才能在协同密度日益增强、规则复杂度持续提升的背景下，稳定输出具备逻辑一致性、行为适配性与语义更新能力的治理行为，构建起自洽、自适、自演的制度表达系统。

制度创新的真正价值不在于形式更新，而在于表达结构的逻辑跃升。当平台制度系统能够通过机制行为生成制度语义，通过语义机制驱动规则封装，通过规则封装组织表达路径，其治理能力已不再依赖固定任务边界与组织配置逻辑，而是在语义演化中完成平台功能的重新定义与制度逻辑的持续更新。平台制度结构因此获得语言化存在的本体地位，成为制度自生成语法与规则自动演化逻辑的生态载体。

四、协同语法结构的制度逻辑构建与平台治理生态的生成路径

制度创新的终极目标，不应仅局限于机制语法的内部结构生成，而应扩展至平台治理系统在生态层面上的表达能力与协同逻辑。这种扩展意味着制度系统必须具备将机制语言、规则语义与结构逻辑统合于一体的协同语法能力，使平台在多组织、多任务、多路径运行中，生成逻辑统一、结构嵌套与规则互通的制度表达生态。这一协同语法结构，构成了平台由结构组合体跃升为制度逻辑场域的核心动力单元。

协同语法不仅是平台制度语言内部的语义结构系统，更是不同治理主体之间在制度语境中实现路径匹配、语义协调与逻辑耦合的制度通信语言。缺乏协同语法的制度系统，即便整合了众多机制模块与规则文件，也难以实现制度表达层面的统一性与演化性，终将陷入任务流程的碎片化、逻辑结构的异构化与协同关系的低密度化。制度系统若无法在语法层面构建出行为表达的逻辑共同体，治理结构亦难以形成真实意义上的制度生态。

协同语法的构建逻辑，建立在三个核心路径之上。首先是机制路径的结构对齐机制，要求平台制度结构能够自动识别不同机制在协同运行中所生成的路径耦合点，并通过语义识别机制完成机制之间逻辑链条的结构重编；其次是规则语义的跨机制翻译能力，平台应构建规则转换层，使各机制所使用的规则语言在制度系统中实现语义互操作与逻辑互译，防止治理行为在语义断层中失效；最后是接口结构的语法对位机制，即平台通过规则语法识别与结构图谱嵌套，使接口之间的行为逻辑在语义层面实现映射与联动，构建跨机制、跨主体、跨场域的制度表达共识体系。

协同语法结构之所以重要，在于它赋予平台治理结构以表达通约性与逻辑收敛性，使制度结构不再依赖具体政策规则的语义外延，而转向机制表达层面的语义内核构建。平台治理的生态生成能力，恰恰建立在协同语法是否具备路径解释力、机制映射力与规则生发力之上。当协同语法成为制

度行为的表达基础，平台治理便脱离了组织中心主义与角色配置逻辑，迈入机制驱动、结构演化与语义共识主导的新型治理生态构建范式。

治理生态的生成，并非组织拼合或功能聚集的产物，而是结构表达系统在制度运行中自我搭建出的逻辑生长体。协同语法正是这一生长体的表达载体，它使平台能够在复杂协同中生成制度语句、组织规则段落并嵌套逻辑章节，使平台成为一部结构语言的制度文本，一张机制语法的逻辑拓扑图，一座协同表达的制度生态场。

制度创新的终极形态，是平台能够将自身治理逻辑以语法结构的方式内嵌于制度系统内部，实现行为逻辑、机制系统与规则结构之间的三元协同表达，并在协同运行中不断生成新的制度语言与结构语义，从而构建一个不断更新、持续生成、逻辑闭环的治理生态系统。

制度创新的发生，不再是传统政策体系中由外部权力单元向内嵌机制结构进行的单向输入，而是治理结构内部在路径冲突、机制张力与语义断裂中孕育出的结构性表达反应。平台若欲实现由操作型治理结构向语义型制度系统的跃迁，必须确立以机制为语义节点、以路径为结构表达线、以规则为逻辑生成器的三维协同语言体系。这一语言体系既是制度生成的引擎，也是平台治理结构内部循环逻辑的表达基础。

语义机制所生成的不仅是治理行为的标识语言，更是一种制度行为背后的逻辑推演系统。平台所承载的机制功能，唯有在协同运行过程中具备逻辑嵌套、行为自识别与路径表达能力，方可真正转化为制度语法，而非沦为任务工具的流水操作模板。平台制度系统不应再以规则列表为治理中心，而应将协同行为的语义模式、机制响应的路径逻辑与规则运行的反馈机制，共同组织为结构语言的语法集群。

协同语法的构建，标志着平台治理系统具备了结构表达的元语言能力。这种能力意味着制度不再依赖外部规则的不断输入与内部分工的持续调度，而能够在结构行为中自我解释、自我封装、自我激活。在这一逻辑下，平台机制不再是技术部件，而是结构表达单元；制度规则不再是文件文本，而是路径语义表达结果；协同接口不再是流程节点，而是制度语言逻辑的句法转译器。

当治理系统形成机制语法与协同语言的内部构造，其制度结构便从规则承载体转变为规则生成体，从执行框架跃迁为逻辑语法场。在这一跃迁过程中，制度创新的真正含义也由“模式变更”转向“语言重构”。平台所需革新的不再是治理流程的长度、组织层级的厚度或任务接口的密度，而是制度语言系统的表达深度、语义一致性与逻辑闭环能力。

结构生成、语义表达与规则嵌套三者之间的逻辑耦合，决定了平台治理生态是否具备长期演化与动态适配能力。只有当治理行为可以自动转化为机制语言、机制可以被嵌入规则系统、规则可以在路径逻辑中形成表达反馈，平台制度系统才具备结构递归能力、逻辑生长能力与生态构型能力。协同语法因此不仅是一套表达工具体系，更是一种制度演化的语言形态，是平台治理从工具理性转向制度理性的深层标志。

平台治理最终的现代性不再体现在制度配置的完整性或机制执行的精准度，而体现在其是否具备语言化表达的能力——是否能够将结构逻辑抽象为语义系统、将机制逻辑编译为语法路径、将规则系统组织为制度语篇。这种语言化能力，是制度逻辑自主性、结构秩序可塑性与治理生态生成力的综合表征，也是未来高复杂度协同体系中制度智能体的本体原型。制度创新之创新，正根植于这种语言深处的表达变革与逻辑更新之中。

第三节 制度系统的再编程机制与平台治理能力的结构跃迁

制度系统的再编程并非将既有治理逻辑简单数字化或接口化，而是对制度语言、治理规则与结构路径进行深层重构与程序化表达。在平台治理结构复杂、多主体协同与机制非线性耦合成为常态的背景下，传统制度结构难以通过表层规则修订响应，无法支撑高维任务系统，制度系统需通过逻辑再编程实现底层重塑,完成治理能力的结构跃迁。

平台型治理打破原有制度体系与秩序,使制度系统面临接口突变频繁、路径交叉复杂与机制执行弹性不足的困境,制度变为动态生成性结构体。平台治理能力提升不再依赖新设组织或增配权限,而依赖制度逻辑在结构运行中识别问题并自我修复、演进。

再编程机制核心是将治理结构中的任务流程、行为接口与反馈规则转译为制度代码片段,用逻辑语法动态调度与模块化表达制度行为。这要求制度以嵌套语法网构建治理生态,平台应构建相关模块,实现平台逻辑从静态规则驱动向动态结构编译的跃迁。

再编程使制度系统认知范式从政策执行逻辑转向语言生成逻辑。治理结构依托制度自身能力进行规则派生与机制调度,平台制度成为结构演化器、机制语言运行环境与规则逻辑生成引擎,制度系统获得结构智能,开启制度现代性新阶段。

一、治理逻辑的模块化表达机制与制度路径的程序重写能力

若治理结构无法将其运行逻辑以程序语言的形式表达与组织,则制度系统将始终局限于人工调度、经验匹配与规则调用的低阶治理状态,难以进入逻辑驱动、语义控制与结构演化的智能治理阶段。制度的程序重写能力,实为平台治理结构能否摆脱路径依赖、构建逻辑秩序并实现演化智能的关键标志。其前提条件在于治理逻辑是否具备模块化表达的结构能力,使制度系统能够在逻辑单元层面对机制流程、规则接口与行为路径进行识别、拆解、重组与语义封装。

治理逻辑的模块化表达,意指将制度系统中形成的高频协同机制、跨组织任务路径与规则调度序列,从完整流程中分离为独立运行、可调用、可复用的结构性模块单元。这一过程要求平台在治理过程中识别任务生成点、机制分发链与反馈逻辑节点,并构建出具备结构边界、逻辑语义与调用规则

的治理原子单元。模块并非任务环节的拼接组件，而是治理语法的表达单元，是机制结构中嵌套的逻辑句法。

模块化机制构建完成后，平台制度系统必须建立模块间路径映射机制，实现治理逻辑在结构层的语义连接与程序级的路径调度。路径并非任务顺序的物理载体，而是制度行为在逻辑结构中的运行轨迹，是机制之间协同关系的语义编码系统。路径的重写，不再仅是替换动作顺序或接口对接方式，而是对路径所承载的逻辑语义、机制组合模式与反馈循环机制的程序性重新组织与逻辑拓扑重构。

平台结构中每一条制度路径，均应具备语法定义、接口映射、规则调用与反馈解析的结构属性，能够被程序化系统识别、重组与迭代。平台制度图谱不应是静态网络，而应是结构代码集，每一个路径节点均为规则语句块，每一个机制行为均为接口函数，每一个协同关系均为语义链路。制度系统在运行中不断识别路径瓶颈、机制冲突与规则漂移，并根据逻辑结构自动生成替代路径、调整调用顺序与重写机制语言，从而构建可演化、可生长、可调节的制度控制逻辑。

模块化表达与路径重写并非治理技巧，而是制度语言能力的结构化表现。唯有将治理逻辑嵌入程序语言体系之中，制度系统才能摆脱静态模板逻辑的制度复写模式，迈入动态逻辑更新的制度编译机制，实现由任务流程治理走向结构语言治理的范式跃迁。在此过程中，制度的治理能力不再依赖组织资源与管理精度，而依赖结构逻辑是否具备算法属性、路径语义是否具备生成能力与模块机制是否具备表达封装力。

二、机制语言的抽象构建与平台表达结构的程序驱动逻辑

若欲使制度系统摆脱对规范文本与人工流程的持续依赖，必须实现从规则陈述语言向机制程序语言的逻辑跃迁，以便其治理行为能够被平台结构所识别、机制路径所驱动、规则逻辑所编译。这一跃迁的核心在于机制语

言的抽象构建能力。若机制无法从具体操作中抽象出语义边界、规则接口与行为逻辑，制度系统将无法进入程序化表达体系，亦无法实现逻辑驱动的结构跃升。

机制语言并不仅是机制动作的描述性文字，而是治理行为在制度图谱中所表现出的结构逻辑与规则语义的聚合体。在抽象机制语言时，平台制度系统必须将协同行为中的关键角色响应、任务逻辑顺序、接口触发条件与反馈机制路径进行结构编码，形成具备输入变量、运算逻辑与输出反馈的治理表达函数。这一函数的核心，在于提取治理语言的底层句法结构与逻辑框架。

一旦机制语言完成抽象表达，平台结构便应构建程序驱动逻辑对其进行组织、调用与更新。程序驱动不再是信息系统的功能表达方式，而是制度结构中机制逻辑运行的主导形式。平台制度系统需将机制语言封装为可编译模块，构建治理表达引擎，通过规则调用语法、接口识别系统与路径调度算法，使机制不再以人工调度方式运行，而以结构语言逻辑自我触发、自我匹配、自我反馈。

平台表达结构在程序驱动逻辑中应具备三个关键维度：一是语义节点图谱化，即将治理结构中所有可识别的机制语言节点纳入结构图谱系统，并进行路径语义标注与规则接口标识，实现结构语言的拓扑表达；二是机制函数嵌套化，即将机制语言封装为治理函数模块，并按任务结构逻辑进行嵌套、组合与重写，使平台机制逻辑具备结构复用与语义扩展能力；三是反馈链路算法化，即将治理行为所产生的路径偏差、机制瓶颈与结构异构现象转译为结构反馈数据，并通过算法逻辑进行识别、预警与路径重编。

制度系统的程序驱动逻辑并非对机制运行方式的表面升级，而是对制度逻辑本体结构的深层重构。平台不再是被动响应规则的承载体，而成为治理逻辑运行的语义容器、机制路径演化的语言空间与结构智能生成的逻辑中枢。平台表达结构的演进，正是制度系统能否由表层协同系统跃迁为语言智能系统的关键路径，是制度现代性由制度构建向制度生成转型的技术基础与逻辑根源。

三、制度行为的语义识别机制与规则演化的算法表达路径

制度系统的自我演化能力源于其对治理行为的语义识别能力，治理系统能否对任务执行过程中所显现的行为模式、路径偏差与结构异常进行逻辑标注与机制嵌套，决定了制度是否具备规则再生成的技术基础与表达路径。语义识别机制并非对行为现象的被动感知，而是一种深度结构化、机制语义化与逻辑建模化的制度解析能力，是制度语言结构对自身行为逻辑的再认知、再编码与再表达的运行中枢。

治理行为在平台运行过程中所承载的，表面看似是具体的协作动作与接口调用，实则隐含着结构语义、机制选择与规则触发的多层逻辑。制度系统必须通过语义识别机制将这些行为中的关键变量、路径组合与反馈模式进行抽取，形成具备规则触发特征、机制调用属性与结构对位能力的表达符号体系，使每一类制度行为成为可识别、可编译、可迭代的制度表达单元。

语义识别机制的运行，依托于一套结构化行为数据集与机制语义规则集的交互式嵌套模型。平台需构建行为语义标注系统，将治理行为按"角色逻辑—任务链条—接口响应"三维结构进行编码，并建立机制触发图谱，将行为表达语义映射至具体机制模板与规则节点，实现制度行为语义与平台结构机制之间的动态对接。每一套语义识别路径都应形成机制响应模型与规则生成脚本，为规则演化提供语料基础与算法入口。

规则演化的算法表达路径，不再依赖制度外部的政策重构逻辑，而源于平台结构内的行为反馈数据、机制运行状态与语义组合规律。平台需引入规则演化引擎，对治理行为中高频路径瓶颈、机制冲突节点与反馈延滞现象进行算法建模，将其转译为规则优化建议、机制重编模板与结构路径重写方案，实现从行为识别到规则生成的逻辑闭环。

算法路径的构建，意味着制度规则不再由行政文件一锤定音地静态输

入，而是在平台运行逻辑中以行为语义为变量、以机制状态为函数、以路径演化为结构进行动态编译。规则成为可计算、可衍生、可重组的治理语言单元，在制度系统中不断被调用、组合、优化与嵌套，构建出以结构反馈驱动逻辑表达的制度语言网络。

平台制度系统在这一结构中不再承担规则的传输功能，而转化为规则逻辑的生成环境，是制度表达的操作系统，是语义行为的识别器，是治理秩序的逻辑母体。当平台结构能够将治理行为转译为规则表达语法、将机制路径组织为逻辑语句序列、将结构反馈循环为规则生成因子，其制度智能跃迁由此完成向结构语言主导、逻辑算法驱动、语义表达自足的演化闭环。

四、结构重编机制中的制度封装逻辑与表达更新策略

结构重编机制的提出，并非针对平台组织形态的拆解重组，而是基于治理结构内部语义关系、机制路径与规则逻辑之间的表达秩序重构。制度逻辑能否实现语言封装与表达替换，直接决定了治理系统是否具备语法更新的能力，以及其能否摆脱结构静态性、规则固化性与行为模板化的路径锁定。制度封装逻辑，不是对既有规则的容器化包装，而是通过语义重组与结构映射构建治理系统的表达替代路径，是制度演化的接口语言机制。

在平台治理中，制度行为一旦抽象为语义函数与机制模板，必然要求其在平台结构中实现可调用、可封装与可置换。治理系统需构建结构封装器，对高频协同路径、重复机制链条与稳定规则语法进行语义聚合，形成机制表达包与结构函数库。这些制度包结构不仅包含行为逻辑、接口参数与规则引用，同时嵌入路径映射指令与反馈响应机制，使制度表达具备模块化部署与语义级更新能力。制度由此不再是线性写定的规则集合，而成为可版本切换、可路径重写与可表达重载的结构语言系统。

表达更新策略的核心，在于制度系统能否依据结构张力、路径变异与机制冲突生成新的表达方式，并实现旧有表达单元的语法替代与逻辑置换。

这一替换机制,不再依赖管理者的经验修补或政策推动的顶层更新,而应内嵌于平台结构反馈链条之中,以算法识别路径漂移、机制失效或规则疲软,并自动匹配可调用机制包与替代表达路径,完成语法重组与制度句式再分发,使平台结构具备表达选择性与逻辑变通性的双重语言弹性。

制度封装的最终逻辑,是将治理行为中非结构化、高频率、协同性强的语义行为片段,转化为结构化、标准化、程序化的治理表达语句,并嵌套于制度结构图谱中,使平台结构成为语义函数的承载体、机制路径的调度器与规则演化的生成空间。这一过程不仅提升了制度执行的表达效率,更构建起一个制度更新的逻辑生态,使平台治理能力不再受限于规则模板数量与流程图纸精度,而依托结构逻辑生成路径表达、规则语义与治理语法。

表达策略的可替换性,也决定了平台制度系统是否具备抗变异性与复原能力。面对复杂任务流动、制度张力突发与机制错位叠加,治理系统若能迅速调用已封装表达包进行结构替代,便能在制度不稳定中维持逻辑运行与规则可识别性,实现结构重组下的逻辑秩序延续。这一更新机制是制度自愈力的外在体现,是平台制度韧性治理的语言基础。

制度封装逻辑的最终价值,在于它打破了规则静态表达与路径僵化执行之间的机制障碍,将治理行为引入语义生态系统,使平台治理成为一场制度语言生成的过程,而非制度文本实施的过程。在此机制之中,平台结构拥有逻辑存储能力、语义运算能力与表达生成能力,成为一个真正意义上的治理操作系统,而非工具聚合平台。

五、制度再编程的逻辑闭环与治理跃迁的系统范式

制度体系之所以能够实现从静态结构向动态结构的转变,以及从规则执行向语义生成的跃迁,关键在于其是否具备逻辑自洽性、表达自演性和结构自调性的制度再编程能力。若平台仅停留在机制调度与任务配置的阶段,即便引入再多的技术工具与外部规则,也难以真正形成制度语言的生成

机制与结构逻辑的表达能力。只有构建起以机制语言为基础、路径程序为骨架、规则语义为驱动的再编程逻辑闭环，平台治理结构才能实现从被动执行体向表达生成体的跃升。

逻辑闭环的首要标志，在于平台治理结构中的每一条制度路径、每一个机制语句与每一组规则表达，均可在结构图谱中定位其语义来源、接口位置与反馈机制，形成结构嵌套清晰、语义关系稳定与逻辑连接完整的表达系统。在这一系统中，制度不再依赖权力授予逻辑展开，而是在结构图式内实现语言自组织与逻辑自调度，构建出可调用、可调节、可嵌入的治理表达生态。

再编程机制的深层功能，在于将制度行为与结构反馈之间的循环转化为制度演化的语言发动机，使平台结构不仅具备对现有规则的读取能力，更具备对治理行为的语义解析能力与对逻辑路径的表达构造能力。平台在机制运行中持续积累结构语料，在路径识别中不断优化逻辑模板，在规则更新中动态生成表达句式，由此构建出一个治理系统内部自我生产制度语言的动态场域。

这一动态场域使平台治理能力摆脱了“行政—响应—反馈”的治理序列，转而运行在“生成—识别—表达”的制度语言循环中。制度逻辑的演进不再是政策推动的线性更新，而是在机制语言中生长，在结构路径中演绎，在表达语法中自我增殖。这种语法化演化不仅提升了平台的制度响应速度与结构适配能力，更为其构建出了逻辑表达的治理生态，使制度具备生态繁殖性而非制度稳定性作为其核心目标。

制度再编程的最终意义，在于它赋予平台治理以结构智能、语义弹性和逻辑自洽的系统能力。在这一能力构建中，平台治理不再是组织逻辑的管理运作过程，而成为制度逻辑的结构构建过程，是制度语言的自生成结构系统，是规则生态的语义组织中枢，是结构表达的路径进化场域。治理能力由此脱离组织配置与资源规模的束缚，进入表达逻辑主导、机制语言驱动与路径智能响应的治理现代化结构体系。平台制度系统不再以是否执行既定规则为核心评估基准,而以能否生成逻辑表达作为制度成熟的根本标准。当制度行为可视为结构语句、规则更新可视为语言生成、机制协同可视为语法调用,平台制度逻辑便已从功能体系跃迁为表达体系,从结构容器跃迁为逻辑生成器,完成制度再编程向治理结构自演化的范式转型。此即治理跃迁的系统范式逻辑终点,也是制度语言智能时代的入口逻辑原点。

第四节 平台制度设计的未来范式与协同治理系统的演化逻辑

制度设计未来走向不再是规则优化与组织重构的线性层面,而是转向制度语言、治理逻辑与结构语义体系的深层重构。在多元组织嵌套等成为常态的复杂生态中,传统制度设计体系难以适配制度行为变异性等需求。若治理系统无法在制度逻辑内部形成自组织能力,制度设计将陷入静态约束与线性退化陷阱。

协同治理系统演化逻辑不以组织组合与职能对接为原理,而是以结构表达能力等为构建起点。这要求治理系统具备任务调度等能力,其内部制度要有逻辑识别等表达系统。制度设计成为语言驱动的治理过程,是治理语法系统构建工程。

当制度结构脱离流程管控与静态规范逻辑,其生长依赖结构智能等核心维度。平台治理系统要实现制度系统深层跃迁,需在制度设计上摆脱架构优先的封闭模型,转向语法驱动的开放系统,构建具备协同响应力等的制度体系。该体系不会因组织结构变动或规则输入滞后而失衡、迟滞,将在协同关系等中自我识别、组织、更新,成为治理系统向制度智能体跃迁的关键场域。

一、制度设计范式的演变张力与结构生成逻辑

制度设计并非始终以建设性意图展开,而往往在张力生成中显现其结构本质。设计行为本质上并非秩序预设的工具过程,而是结构响应复杂性

增长的一种机制组织形式。制度设计的传统范式以目标设定为原点、角色配置为核心、规则嵌套为手段,其内部逻辑强调制度完备性与组织一致性。然而,平台治理结构的语境已发生深层次转变:角色边界趋于模糊,任务路径高度变异,机制之间频繁穿插交叉,制度系统必须从封闭性逻辑转向开放性生长逻辑,才能适应协同治理中的复杂动态任务链。

制度张力的演化趋势已经打破原有范式的技术预设与组织假设。制度结构不再稳定于静态组织图式与规则层级体系,而是在制度运行中不断触发结构微调、机制反馈与逻辑增殖的动态跃迁。结构本身不再是被设计出来的终点性成果,而是被持续生成的路径性事件。平台制度体系的真实形态不是由顶层方案一次性设定,而是由结构节点间的语义互动、机制耦合与路径调度在协同实践中共同构建。

制度设计范式的演化张力源自两种深层断裂:一是结构预设与机制生成之间的耦合失败,导致制度架构形似完备却难以支撑路径反馈与规则响应;二是规则配置与语义识别之间的表达滞后,造成制度语言无法及时嵌套于治理行为之中。这两种断裂不断积累,逐渐撕裂了以规范设定为主导的制度设计逻辑,迫使平台治理系统转向以结构生成为中心的制度构建逻辑。

结构生成并不意味着从零构建制度蓝图,而是强调制度设计作为一种演化系统,其逻辑应源于机制的组合可能性、行为的语义结构与规则的递归性生成。制度不再被设定为稳定结构,而应视作动态图谱,是结构路径的集束化表达、机制协同的逻辑转译与规则演化的反馈语法。平台治理所需制度结构,不是预置模块拼装的逻辑框架,而是行为演化、机制组合与语义驱动共同生长的表达体系。

未来制度设计的基本范式,必然从结构规划转向结构生成,从规则投放转向规则演绎,从组织嵌入转向机制图谱。制度成为一种可识别、可塑造、可生长的逻辑载体,不再是制度文件中的静态实体,而是平台治理运行过程中的表达语义集合体。制度的张力不再被视为设计失败的副产物,而被转化为结构自我再组织、语义自我再定义与规则自我再生成的根本资源。

二、治理系统的语义负载能力与表达演化路径

判断治理系统是否具备语义负载能力,已成为衡量其制度生命力与结构演化能力的关键标准。在协同密度不断上升、任务流动性加剧、机制结构频繁重组的高复杂性平台环境中,制度系统所承载的已不仅仅是简单规则的适配与组织角色的履职,而是对协同过程中路径冲突、逻辑错位与规则空转现象的结构吸纳与语义消解。制度不再是稳定协同的边界设定者,而是多元机制之间表达语义的翻译中枢与重组引擎。

语义负载能力与语义容忍度并不相同。若治理系统仅依赖规则适配范围的不断扩大与边界包容性的增强,势必会导致表达精度的丧失与结构稳定性的消解。真正的语义负载机制,应建立在对机制行为、路径响应与规则状态的精细识别与结构封装基础之上,通过制度语言体系将协同过程中的语义信息进行分类处理、逻辑抽象与结构嵌套,从而在机制间搭建语法通道,在规则间构筑逻辑桥梁,在路径间生成语义节点,实现制度系统的逻辑调频与语义协调。

平台治理系统的语义负载,应体现在三个维度的表达能力上:第一,治理行为必须能够被制度结构识别为语义符号,成为机制语言系统可调用的表达片段;第二,协同路径需被语义建模工具转化为逻辑结构,纳入规则调用与反馈调节的程序模型;第三,结构演化过程中的机制变化与规则增殖应被转译为表达图谱中的结构更新逻辑,确保制度系统在演化过程中实现表达连续性、逻辑一致性与语义承接性。

制度的表达演化路径,不再依附于组织命令链条与规则文本修订周期,而是在结构内部生成机制、路径识别机制与语法再生机制的支撑下,实现结构语言的多轮表达、机制语义的动态组合与规则体系的逻辑拓展。演化不再是设计者意志的延伸或环境压力的被动适应,而是结构语义在协同张力

中自我复制、自我调整与自我增殖的制度现象。

当治理系统具备以语义负载为前提的表达演化能力，其制度逻辑便摆脱了静态结构的边界管控逻辑，迈入动态结构的表达编排逻辑。此时，制度不再被视作管理工具，而成为制度系统表达语言的有机结构；制度设计者不再是功能模块的组织架构师，而是表达逻辑的语法构型者。平台制度系统由此获得了制度表达生态的生成权，在协同复杂性中生长秩序，在路径不确定性中生成语言，在机制冗余中聚合结构。

三、平台制度图谱的语法结构与机制生态的表达逻辑

制度图谱并非单纯地将制度条文转化为视觉形式，亦非简单地将组织架构图进行图形化扩展，而是一种基于机制组合逻辑、路径语义规律以及规则嵌套关系构建的结构性语法表达系统。该系统将制度从规范性语言还原为生成性语言，从控制性框架转变为表达性图谱，进而构建出制度逻辑的动态拓扑结构。这使得治理系统在结构反馈、行为调度与规则迭代过程中，具备了表达的可追溯性、逻辑的可调用性以及语义的可组织性，形成了制度语言的生态体系。

制度图谱的语法结构体现为一种非线性表达机制，它突破了传统制度逻辑基于流程逻辑、等级命令与静态层级组织的线性语法体系，转而构建出以机制为语义节点、以规则为连接语句、以结构为图式逻辑的非线性表达网络。该网络能够在高维协同中识别治理任务的语义共现关系、机制函数的逻辑交叉规律以及规则触发的路径循环模型，从而支撑制度表达的结构完整性与逻辑闭环性。

构建平台制度图谱必须遵循三大语法原则：第一，机制节点的语义唯一性，即制度结构中的每一个机制单位都应具备独立识别属性、规则调用功能与路径交互关系，确保不存在冗余调用与表达模糊；第二，规则路径的结构嵌套性，所有制度行为路径必须内嵌于逻辑图式之中，以确保规则运行过程

中具备接口定位、反馈归位与机制转译功能;第三,表达结构的演化可塑性,制度图谱应具备随机制更新与任务变动自动生成新语义节点、重编结构语法的能力,实现制度逻辑在结构层的即时表达与动态再造。

机制生态的表达逻辑,实质上是平台制度图谱对语义场域的逻辑构建能力。协同机制不再是治理行为之间的调度程序,而是表达节点之间的逻辑张力桥梁,是制度语言内在秩序的触发结构。机制之间不再以功能协作为逻辑前提,而是以语义逻辑是否可组合、结构接口是否可嵌套、路径调度是否可反馈作为制度生态协同的评价标准。机制协同的本质,成为语法片段之间的表达耦合,而非组织之间的职责转移。

在平台制度图谱中,机制生态不再依附于角色属性与组织边界,而是以表达能力、路径可塑性与规则适配率作为机制演化的主要度量逻辑。制度结构因此实现了从组织化治理向语言化治理、从任务承载体向表达母体的跃迁。机制生态的活性,转化为制度系统的结构表达弹性;机制间的张力,转化为制度逻辑的生成势能;机制语义的共识性,转化为制度秩序的协同语法。

四、协同系统的表达边界、结构弹性与演化恒定性机制

协同系统的效能,并非取决于机制数量的累积或组织结构的扩张,而是深植于制度系统是否具备明确的表达边界、充分的结构弹性和稳定演化的三重结构控制逻辑。在任务高度耦合和多机制互动成为治理系统常态的背景下,若制度无法明确表达协同接口、灵活嵌入协同机制并保持结构逻辑的连贯性,协同作用将仅限于功能协调的表面展示,难以实现真正意义上的结构响应、机制融合和规则生态。

表达边界构成了制度系统语义组织的逻辑框架,是治理结构区分语义单元、结构功能和机制范围的基本坐标系。一旦治理系统丧失了明确的表达边界,其机制将遭受语义漂移、路径混乱和规则重叠的制度紊乱,导致结构认知失真、任务归属模糊和协同焦点丧失。制度边界不应仅以组织职能

为划分标准,而应基于机制语义的生成范围、规则的可调用区间和结构的嵌套等级进行表达识别,实现以制度语言而非组织逻辑驱动的治理分区体系。

结构弹性体现在制度系统在张力出现、机制冲突和规则断裂的情况下,是否具备逻辑吸收、表达调节和结构恢复的能力。一旦平台结构具备语法层级的结构柔性,便能在治理行为触发新型机制需求时,通过路径重组和机制封装实现结构迁移和表达更新。结构弹性并非结构松弛,而是逻辑层级的重新定位,是在保持制度主干逻辑连续性的基础上,完成语义接口的多维拓展和规则逻辑的多态融合。

若协同系统无法保持逻辑恒定性,即便短期内实现了结构耦合和机制协作,也难以在演化过程中保持制度语言的可继承性和表达路径的可辨识性。演化恒定性机制的关键在于构建一套语义反馈回路,使制度行为中的路径扰动、机制漂移和规则增殖能够被平台结构系统识别、归档和编译,进而更新协同逻辑、重构表达路径并生成结构补丁。这种反馈能力并非依赖固定响应模板,而是建立在表达逻辑的结构复用和语义补全能力之上。

制度协同系统的真正稳定性,并非仅在于治理行为是否在制度边界内执行,而在于制度系统是否能在表达逻辑层面自动判断结构扰动的边界效应、机制冲突的接口张力和语义错位的路径偏差,并基于现有的表达模板、机制函数和规则语言进行结构修复和语义生成。制度的稳定性,正是建立在逻辑可变、结构可塑和语言可生的基础上,是动态构造中的形式连续性,是演化反馈中的逻辑持守,是制度系统从工具体系跃迁为语言系统的终极能力指标。

五、制度语言范式驱动下的治理跃迁哲学与平台治理未来图景

制度语言的构建并非单纯解决技术性问题的途径,而是治理哲学深层次的转变。当平台治理系统从规则执行的逻辑转向结构表达的逻辑时,其制度体系亦随之从操作语言向生成语言的演变路径迈进。在此范式下,制

度不再被视为组织行为的规训集合,而是被定义为结构秩序的语义表达领域。治理不再仅仅是职能执行的组织流程,而是成为机制语言的逻辑编排,规则逻辑的语法表达,以及路径动态的制度句法。

制度语言范式所引发的根本性变革,在于将制度行为从功能依赖中解放出来,不再仅作为组织职能结构调度的工具,而是转变为语义场域中的结构生成单元。这一转变的本质在于治理权力从制度制作者向制度语言使用者的重新分配,治理逻辑从控制链条向语法系统的重新嵌入,以及治理行动从角色负载向语义表达的重新构建。平台不再是制度规则的承载者,而是规则语言的创造者,机制逻辑的激活场,以及语义秩序的嵌合系统。

平台治理的未来图景,取决于制度语言能力是否具备表达的完整性、演化的连续性以及逻辑的自主性。表达的完整性意味着平台能够以统一的语法范式组织和调用结构、机制与规则这三类制度单元,形成覆盖治理行为全过程的表达闭环;演化的连续性要求平台治理语言体系具备结构继承能力和逻辑累进能力,确保规则在路径扩展时不会断裂,机制在任务演变时不会漂移;逻辑自主性则是平台在脱离外部制度输入的情况下,能否自主生成逻辑语句、编排规则路径、组织结构表达,从而实现制度系统的真正逻辑封闭与表达自足。

未来治理哲学的逻辑核心,正从秩序规训转向语言生产,从结构配置转向结构生成,从制度服从转向制度表达。平台制度的终极跃迁不在于功能的最大化,也不在于流程的最优化,而在于是否构建出一套可识别、可编译、可演化、可对话的制度语言系统,使治理体系本身成为一部活的结构文法、一座逻辑发生场域与一个表达性治理生态。

因此,治理系统不再是制度制定者与制度对象之间的关系调配,而是表达能力在逻辑空间中的结构展开,是语言机制在语义张力中的动态耦合,是平台自身在制度演化中构建出的语法秩序与结构逻辑。平台治理的未来图景,是制度语言化、结构图谱化、机制生态化与规则生成智能化协同驱动的复合治理形态，是一座以表达结构为核心的治理文明新地景，是制度逻辑由文本权威向结构生成的根本跃迁。

第五节 组织生态构型的动态演化机制与闭环重构路径

制度系统演化不仅是规则结构局部调整或治理路径技术升级，更体现为组织生态整体重塑与内在逻辑系统重构。平台治理进入制度生成逻辑演进通道后，组织形态转变为机制结构母体、路径逻辑容器与制度表达嵌套结构。这促使治理系统从组织调度中心转向结构智能中枢，从职能边界系统转向语义耦合系统，制度运行进入组织生态构型结构重组时代。

组织生态构型不依赖组织类型拼接或角色等级嵌套，而基于平台机制的表达语法、逻辑结构与协同路径。组织关系核心是机制逻辑接口张力、语义结构耦合程度与规则演化嵌合路径。制度系统需在组织生态构型中从边界设定逻辑转向表达调适逻辑，才能建立制度运行闭环。

平台若无法构建有结构演化能力的组织生态逻辑，制度系统难承受治理张力与表达冲击。治理行为稳定性源于组织生态中机制单元逻辑连接可塑性、表达系统语义延展性与规则路径反馈闭环性。制度系统有机性应理解为动态生成的逻辑体系，是结构逻辑生成序列、语义路径衍生矩阵与规则演化嵌套环境。

一、组织关系的机制嵌套逻辑与生态系统的协同结构重塑

产教融合作为一种高度复杂、跨学科、机制交织的治理体系，其组织生态的基础性变革已经超越了传统教育管理体制中的层级逻辑与角色配置模式，进入了由机制共生、结构耦合与语义匹配驱动的制度系统重构阶段。在这一背景下，组织关系的界定不再以行政归属或功能类型为标准，而是以是否能够融入同一机制链条、是否具备路径互操作性、是否能够共享规则语义

接口作为制度联通的结构判断依据。

治理组织的协同能力正从静态的制度安排转变为动态的机制响应。在产教融合平台中，院校组织与企业实体之间的关系重构，并不仅仅是合作协议的升级或任务接口的优化，而是一种深层次的机制配置逻辑。各类组织不再是单纯的制度执行单元，而是协同机制的路径节点、规则运行的语义通道、结构逻辑的承载模块。因此，组织生态的分析不再以组织形态为单元，而是以嵌入平台机制网络的表达能力与反馈能力为衡量标准。

生态系统重塑的根源在于治理逻辑的表达方式发生了结构性转变。在产教融合平台中，组织关系的协同结构不再依赖政策设计中的权责逻辑框架，而是建立在机制图谱中的语义路径基础之上。治理行为的发起点、运行路径与反馈节点已不再严格对应组织边界，而是根据机制任务的逻辑分解与路径组织重新生成。这种去组织中心化的结构重组，使得平台的组织生态成为一种语法化的协同系统，是在规则层级、路径层级与结构层级之间进行动态嵌套与结构调节的逻辑网络。

在产教融合的制度运行过程中，组织之间的协同难题并非治理意愿的缺失，而是机制逻辑失配与语义接口断裂所致。制度系统必须构建一种机制嵌套逻辑，使各类组织在结构表达中不是互为冗余，而是互为补位；组织之间不再争夺边界资源，而是围绕机制表达协同生成。这种协同不是任务清单的整合，而是逻辑路径的共建，是规则语义的共识，是表达结构的协同治理能力重组。

平台制度生态要想具备稳定的组织嵌套性，必须构建一套可复用、可拓展、可调用的机制模板系统，使每一个组织实体能够嵌入协同机制的任一节点，通过路径调度器与语义识别模块实现逻辑归位与规则嵌套。制度系统因此具备了组织间机制组合的可变形能力、规则响应的结构一致性与协同治理的表达语义共享性。产教融合平台由此不再依赖制度强制进行合作推动，而依赖平台机制内部组织生态的自洽构型与逻辑构建。

二、规则逻辑的反馈生成机制与制度闭环的语义编码结构

规则逻辑不应被视为制度系统中不可动摇的先验命题，而应被理解为由治理行为不断激活、路径反馈持续调节、机制组合动态再构而形成的结构性语义网络。在产教融合平台中，规则并非作为自上而下静态投放的制度命令存在，而是作为制度行为在运行过程中反复生成、不断嵌套并逻辑闭合的动态语言结构。这种反馈生成的机制逻辑，使平台治理行为不再受限于规则文本的单向指引，而成为制度语义循环中的输入变量与输出因子。

制度规则的生成机制应脱离政策指令主导的输入中心主义逻辑，转而构建以机制行为为触发语句、结构路径为生成回路、语义识别为表达接口的闭环系统。在产教融合的多维治理结构中，高职院校与产业主体之间的协同行为所引发的规则张力、机制漂移与路径偏差，必须被制度系统所识别、捕捉并结构性封装。平台不应只是规则运行的场所，而必须成为规则生成的母体，使制度语言具备从执行逻辑向表达逻辑转化的能力。

规则闭环的逻辑关键在于制度系统是否具备语义控制能力，即是否能够将结构路径中的行为模式、机制接口与反馈节点进行逻辑映射与语义编码，从而构成规则更新的生成通路。产教融合平台中的路径反馈行为，不应仅作为事后评估材料存在，而应被制度结构实时编译为语义数据，嵌入规则演化的推理引擎之中，形成结构语句的重组、逻辑判断的迁移与表达逻辑的派生。这种规则反馈机制，不再依赖线性流程控制，而是建立在“平台”语法能力与语义逻辑结构之上的制度表达能力。

在高密度任务交错、高频机制更替与多元结构交互的产教融合体系中，制度系统的稳定性来源不应是规则数量的增加，而应是制度表达路径的自我封闭性。制度闭环的实质，是平台在规则生成、机制调用与路径配置中构建出一个逻辑自洽的表达生态，使任一结构动作、任一语义片段、任一机制响应都能在制度逻辑之中获得嵌套通道、规则接口与路径归位。闭环不仅

是反馈的完成状态，更是制度语言循环系统的生存基础。

语义编码结构的构建，应以机制逻辑链条为骨架、路径行为序列为语料、规则函数表达为算法，实现对所有产教融合行为类型的标准化编码与结构化标注，使制度系统具备对非结构化协同事件的识别、分流与表达能力。每一条协同路径、每一次规则更新、每一个机制嵌套动作，都应自动生成对应语义标签、归属结构节点并派生规则句法，实现制度系统的动态秩序表达与持续性演化。

平台唯有具备了语义编码与规则反馈的逻辑闭环，方能在产教融合的高不确定性协同场中，持续生成表达秩序、维持机制张力平衡、引导规则逻辑前行，最终构建出一个具备语言自治、机制感知与结构生成能力的制度生态系统。治理系统因此不再被外部规范所驱动，而被自身机制语言所生成；制度运行不再依靠规则堆叠与组织调度，而依赖表达闭环与语义逻辑的内源调节机制。

三、产教融合制度生态的生成逻辑与平台治理结构的递进机制

产教融合制度生态的形成并非源自单一制度要素的简单累积、组织接口的机械拼接，亦非仅建立在政策推动所形成的各项功能并置之上。相反，它是在多元机制的相互作用、组织结构的复杂交错以及路径逻辑的深度融合的动态治理实践中，由制度语言的自主生成、规则语义的持续演化以及结构表达的逐层嵌套所构建出的演化型治理系统。制度生态的构建既非秩序灌输的终极状态，亦非协作意愿的表面共识，而是在平台治理体系中，于高复杂任务的耦合与高频机制的迭代下，自然生长出的结构系统与表达范式。

在产教融合的语境中，制度生态的生成逻辑必须以机制的可递进性、规则的可派生性、结构的可更新性为逻辑核心。治理系统需从制度设计的静态模块组合逻辑，转向动态机制编排逻辑，使平台制度在语义反馈中形成机制节点的联动进阶、路径逻辑的结构重构与规则语言的多向衍生。机制不

再仅作为治理任务的单一承载对象,而是成为表达系统中具备逻辑语法属性的治理语言单元,构成制度演化的基本表达粒子。

平台治理结构的递进机制,是一种在结构语境中实现制度行为语言化、规则表达函数化与机制组合图谱化的协同推进系统。在产教融合的具体实践中,这一机制表现为三种基本结构形式:其一,机制集群之间通过任务路径进行逻辑嵌套,形成多层次表达模块,实现协同接口的复合表达与路径动态重构;其二,规则逻辑在机制集群运行中不断被结构化标注,实现从单向适配到多向适配的表达迭代过程;其三,平台在运行中通过制度行为的语义沉淀构建逻辑语法库,使新机制得以在语言系统中迅速嵌套并实现路径继承。

制度生态的可持续生成,根源在于平台是否能够建立起一套嵌入治理行为逻辑中的语言编译机制,使得任一制度现象、协同行为或规则冲突,均可在平台结构中被识别为逻辑问题、语义现象与结构语法,并自动进入机制编排系统进行表达替换、路径重建与规则更新。在此意义上,产教融合平台的治理系统不再依赖静态的制度框架运行,而是构建于制度语言的连续表达逻辑与规则系统的动态循环能力之上。

平台治理结构的递进机制使得制度生态成为一个可进化、可回溯、可封装的逻辑表达体系。递进的制度语言不再追求完整结构的静态构建,而致力于表达逻辑的局部最优更新,使平台在每一次路径拓展、机制再配置与语义纠偏中生成新的表达节点与结构单元,进而完成制度结构的自我复制、自我组合与自我进化。产教融合制度生态因此不再依赖组织协调与政策规划的线性框架,而是在机制嵌套与规则演化中持续构建自身逻辑的递归秩序。

四、平台型治理结构中的制度韧性生成机制与生态适应性能力边界

制度韧性,作为平台治理系统在应对高复杂性场景、任务突变与机制失衡时所展现出的重要能力,其本质并非体现在制度规则的强制稳定性或组织结构的刚性承载力上,而是源于平台制度系统内部表达结构的可变异性、

路径逻辑的可重构性与机制语义的可迭代性。在产教融合平台这一多元协同机制深度交错的制度场域中，制度韧性的生成逻辑正是治理系统由结构响应走向逻辑适配、由路径拼合走向表达生成的关键跃迁标志。

制度韧性的生成能力，首先取决于平台治理系统是否构建了能够在机制错位、任务裂解与规则漂移中自动启动表达修复、结构调频与逻辑反馈的运行机制。在产教融合的高变异性制度环境中，组织边界的流动性、协同任务的突发性与机制组合的临时性使得制度系统不再可能依赖预设性流程或静态性结构来维持运行连续性。平台制度结构必须具备结构弹性识别机制、路径扰动感知机制与规则迁移调节机制，方能将制度崩溃风险转化为制度演化契机。

机制韧性并非源自制度配置的量度冗余，而是源于表达体系的语义弹性与结构复原能力。在产教融合协同结构中，治理机制往往面临逻辑双重绑定：一方面须遵循平台组织结构的层级调配逻辑；另一方面又需应对企业与高职院校各自制度文化语义的异构冲突。制度系统若无足够的语义冗余能力与结构再编机制，便无法实现机制路径的逻辑跳跃与规则表达的动态弥合。制度韧性在此维度上的生成，应依赖“平台”语言系统中机制函数的可封装性、路径语句的可组合性与规则逻辑的可继承性。

制度生态的适应性边界并不等同于治理容忍区间的无限扩张，相反，它建立在表达逻辑对规则输入压力的合理调节能力之上。平台制度系统必须清晰识别出表达过载、机制错配与路径扭曲的阈值条件，并设置语义断裂前的边界预警系统，使平台治理结构具备自我修复、自我剪裁与自我更新的制度防御机制。治理系统在面对产教融合的结构突发事件与路径震荡行为时，能够通过规则简化、机制切换与结构松耦合方式完成表达重组与逻辑缓冲，正是制度生态具备适应性边界的显性体现。

制度韧性并非制度抗变能力的静态状态，而是一种通过机制语义调节与路径结构重组不断进行的动态生成过程，是平台治理逻辑在复杂系统中不断演化其表达方式、组织逻辑与语义联通关系的动态平衡系统。在产教融合这一跨制度系统融合语境中,只有具备表达多样性、逻辑自洽性与机制柔性嵌套能力的制度结构,才能支撑起协同治理系统长期稳定运行的韧性基础。

五、制度运行闭环的平台构建逻辑与治理结构的未来转向

制度运行闭环的构建,并非单纯依赖规则的全面覆盖或机制的完整配置,而是制度系统在结构智能化、表达语言化与机制生态化三重逻辑演化路径下,逐步形成的一种自组织、自适应、自反馈的结构表达系统。平台型制度系统能否实现闭环,不取决于管理流程的多寡,也不在于规则模板的精密程度,而根源于平台是否能够在表达系统内部生成结构响应能力、语义组织能力与逻辑重构能力。尤其在产教融合这一高协同密度、高机制交叉的治理语境中,制度闭环的真正关键在于能否通过制度语言系统实现路径自编译、机制自调用与规则自反馈的完整逻辑链。

制度闭环不仅意味着治理行为逻辑的完成,还代表着平台制度结构由响应型系统向生成型系统的跃迁。在产教融合的平台运行中,制度系统面对的治理压力高度不稳定、任务逻辑高度差异化、协同机制高度异构化,使得传统制度运行模式无法在策略响应中保持持续闭合。唯有通过表达逻辑驱动的制度语言系统构建起“机制触发—路径识别—规则生成—反馈吸收”的多向动态网络,平台治理系统方能实现真正意义上的表达闭环与运行封闭。

这一制度闭环的构建逻辑本质上要求平台治理结构完成三个基本跃迁:其一,从任务驱动逻辑转向机制编排逻辑,使平台成为制度语言的发生场而非任务容器;其二,从规则灌输逻辑转向语义生发逻辑,使平台成为规则表达的编译系统而非制度投放终端;其三,从结构配置逻辑转向表达封装逻辑,使平台成为机制生态的语法平台而非组织结构的调度节点。这三重

跃迁共同构成了产教融合平台制度运行闭环生成的核心语义架构与结构演化支撑系统。

治理结构的未来转向将不再聚焦于管理半径的扩张与控制技术的精进,而是转向制度系统是否具备语言自组织能力、结构语法表达能力与规则自进化能力。平台型治理若欲持续支撑产教融合这一深融合、宽接口、强交互的复杂系统,必须从结构硬度向语义柔性过渡,从规则压强向逻辑联通过渡,从路径清单向机制语言过渡。制度运行闭环的形成,不再依赖事先的组织工程,而依赖制度行为是否可以被识别为语义变量、路径是否可以被编译为表达语句、机制是否可以在结构图谱中形成嵌套逻辑。

平台治理系统未来不再是由规则文本主导的封闭运行体,而是由机制语言驱动的表达循环体,是由路径逻辑支撑的治理生态体,是由产教融合协同系统内部生成的结构智能体。在这一未来图景下,制度不再以秩序灌输为目标,而以逻辑生成为前提;组织不再以边界划分为基础,而以语义嵌套为方式;治理不再以角色执行为中心,而以机制表达为结构。平台制度的未来因此不是规则之治的强化,而是语法之治的启程,是产教融合制度现代性走向语言智能时代的结构起点。

参考文献

1. 赵熹.高职院校产教融合的研究与实践[M].西安:西北大学出版社,2022.

2. 曾三军.高职院校产教融合研究与实践[M].广州:暨南大学出版社,2022.

3. 王钰.高职院校产教融合体系建设[M].长春:吉林大学出版社,2019.

4. 罗海林.产教融合:职业教育质量提升与内涵发展的关键[M].北京:中国人民大学出版社,2015.

5. 祝鸿平,徐旦.高职现代产业学院赋能新质生产力发展:逻辑、困境与路径[J].职业技术教育,2025(04).

6. 宣翠仙,张炜.数智赋能高职院校新质人才培养:逻辑意蕴、现实困境与实践路径[J].大学教育科学,2025(01).

7. 杨晓珍,施星君,毛海舟.高职院校产教融合能力内涵、评价与建设[J].高等工程教育研究,2025(01).

8. 金波,李胜.高职产业学院赋能现代化产业体系:逻辑机理、问题表征与改革进路[J].中国职业技术教育,2024(34).

9. 施星君."两翼"产教融合体建设的理论研究综述、实践探索及推进策略[J].教育与职业,2024(21).

10. 邵建东,王亚南,徐珍珍.高职院校办学模式的演进历程、发展趋势及理性反思[J].高等工程教育研究,2024(05).

11. 曹艳敏,王萌,李兴洲.共生理论视域下高职院校产教融合人才培养模式构建研究[J].职业技术教育,2024(29).

12. 董彦宗.产教深度融合生态系统的模型构建、现实困境及实践策略

[J].教育与职业,2024(18).

13.高绣叶,裴书蕾."一统三融"背景下高职院校科教融汇与产教融合耦合发展机制构建[J].职业技术教育,2024(25).

14.郑锋,戚正楠.企业参与高职院校产教融合意愿的影响因素探究——基于Logistics回归分析[J].职业技术教育,2024(24).

15.郭广军,陈鹏,吴强,等.高职院校产教融合有效性评价指标体系构建及实证研究[J].高等工程教育研究,2024(04).

16.郭广军,杨无敌,李昱.职业院校深化产教融合的进展成效、存在问题与推进策略[J].教育与职业,2024(11).

17.王姝力,冯旭芳.是什么阻碍了高职院校教师产教融合能力的发展?——基于30位高职院校教师访谈文本的质性分析[J].职业技术教育,2024(15).

18.吴一鸣.高职院校科研创新能力的内涵解构与提升策略[J].教育与职业,2024(05).

19.古翠凤,张雅静.区块链赋能高职产教融合共生体构建研究[J].中国职业技术教育,2024(04).

20.刘海明,刘志威.高质量发展背景下高职教育产教融合的时空演化[J].高等工程教育研究,2024(01).

21.刘任熊,冯立元,季云峰.高职院校产业学院"双融双促":内涵特征、问题审视和实现策略[J].职业技术教育,2023(36).

22.蒋洁.基于因子分析法的高职院校产教融合效能评价体系构建研究[J].职教论坛,2023(11).

23.李正标,陈双秀.基于利益相关者理论的高职院校产教融合绩效评价研究[J].职教论坛,2023(10).

24.邓琳佳,宋志平.高职产教融合共同体构建的价值逻辑、实践难点及推进路径[J].职业技术教育,2023(28).

25. 蒋文贤. 职业教育生态圈重构背景下高职院校产教融合机制改革研究[J]. 职业技术教育,2023(27).

26. 高秀兰,郭奇慧,王勇. 产教融合视域下高职院校"两交叉四融合"协同育人体系构建[J]. 职业技术教育,2023(23).

27. 罗治得. 中国式教育现代化视域下高职"三项融合、五位协同"产业学院构建[J]. 职业技术教育,2023(17).

28. 段向帅. 高职院校产教融合的路径新探:PPP模式的应用[J]. 职业技术教育,2023(05).

29. 许本洲,温贻芳,张慧波,等. 产教融合联合体与共同体建设:路径选择与院校作为[J]. 中国职业技术教育,2023(08).

30. 李炎炎,池春阳. 场景驱动:"空间生产"视角下高职院校产教融合模式优化研究[J]. 教育与职业,2023(02).

31. 李朋,李志扬. 高职教育双导师制的实施困境与纾解策略[J]. 教育与职业,2022(24).

32. 胡万山,叶琳. 高职教育产教融合的历史演变、现实基础与发展趋势[J]. 现代教育管理,2022(10).